Elisabeth Katharina Deifel

Gebetsschule

AF571379

Elisabeth Katharina Deifel

Gebetsschule

Beten lernen - leben lernen

Fromm Verlag

Imprint

Any brand names and product names mentioned in this book are subject to trademark, brand or patent protection and are trademarks or registered trademarks of their respective holders. The use of brand names, product names, common names, trade names, product descriptions etc. even without a particular marking in this work is in no way to be construed to mean that such names may be regarded as unrestricted in respect of trademark and brand protection legislation and could thus be used by anyone.

Cover image: www.ingimage.com

Publisher:
Fromm Verlag
is a trademark of
Dodo Books Indian Ocean Ltd. and OmniScriptum S.R.L publishing group

120 High Road, East Finchley, London, N2 9ED, United Kingdom
Str. Armeneasca 28/1, office 1, Chisinau MD-2012, Republic of Moldova, Europe
Managing Directors: Ieva Konstantinova, Victoria Ursu
info@omniscriptum.com

Printed at: see last page
ISBN: 978-3-8416-0904-5

Copyright © Elisabeth Katharina Deifel
Copyright © 2017 Dodo Books Indian Ocean Ltd. and OmniScriptum S.R.L publishing group

Gebetsschule: Beten lernen — leben lernen

Persönliches Vorwort: Geglücktes Leben – Rückkehr ins verlorene Paradies?

Ich bin gekommen, damit sie das Leben haben und es in Fülle haben (Joh 10,10).

Dieses Büchlein will Sie einladen, nachzudenken und vielleicht sogar auszuprobieren, ob und wie ein Leben mit GOTT glücklicher macht. Die Gebetsanleitungen sind daher auf sieben Tage aufgeteilt – man könnte also anhand dieses Büchleins Exerzitien im Alltag machen. Es wendet sich also nicht an Menschen, die gar nicht an GOTT glauben – nicht, weil diese abgewertet werden sollen, aber weil ein solches Buch ganz anders konzipiert sein müsste. Sondern es wendet sich an Christen, die spüren, dass der Kontakt mit GOTT ihr Leben bereichern würde, und die dafür praktische Anregungen und theoretische Begründungen suchen. Theorie und Praxis gehören gerade auf religiösem Gebiet eng zusammen. Eine Theorie, die nicht gelebt wird, ist leer und unglaubwürdig, eine Praxis, die nicht begründet wird, ist immer in Gefahr, als sinnlos aufgegeben zu werden – gerade in einer sozialen Umwelt, die nicht mehr unhinterfragt christlich lebt. Dass wusste übrigens schon JESUS – er hat Menschen, vor allem Außenseitern, GOTTES Liebe in zahllosen Handlungen vermittelt (Krankenheilungen, Sündenvergebung), aber Er hat ihnen diese Liebe auch in vielen Gleichnissen und kurzen Statements erklärt. Und Er tat beides, handeln und lehren, aus Seiner Verbindung mit dem VATER heraus - immer wieder betete Er, vor allem nachts. Vor rund vierzig Jahren hat das 2. Vaticanum (in Sacrosanctum Concilium 9) diese Verbindung von Nächstenliebe, die sich in caritativem Tun („Diakonie") und in deutender Verkündigung („Kerygma") konkretisiert, und GOTTESliebe („Liturgie" im weitesten Sinn) zur Grundaufgabe der Kirche erklärt. Das Gebet ist gleichsam die Nabelschnur, die uns mit GOTT verbindet. Im AT ist das Wort für Barmherzigkeit nicht mit dem Wort „Herz", sondern mit dem Wort für „Mutterschoß" verwandt, man müsste also wörtlich mit „Mutterschoßlichkeit" GOTTES übersetzen – dann würde das Bild der Nabelschnur noch besser passen. Und irgendwie sehnen wir alle uns nach der ursprünglichen Geborgenheit im Mutterschoß zurück. René KÖNIG, ein Soziologe, spricht von der Pubertät als „zweiter" oder „sozialer Geburt" des Menschen – wie wir als Baby den biologischen Mutterschoß verlassen, so müssen wir in der Pubertät die Geborgenheit unserer Ursprungsfamilie verlassen, um selbständige Menschen zu werden. In beiden Fällen ist die

Geburt eine schmerzliche Krise, doch für unsere menschliche Entwicklung nötig. Vielleicht gibt es eine dritte Geburt, die nur äußerlich wie Tod aussieht, in die Geborgenheit, in den Mutterschoß, GOTTES hinein? Und vielleicht ist das Gebet die Nabelschnur, die ein Leben lang diese letzte und eigentliche Geburt vorbereitet?
Ich selbst durfte und darf in meinem Leben die Bedeutung der Nabelschnur Gebet immer mehr erfahren. Daher möchte ich auch Sie einladen, beten zu lernen, um glücklicher leben zu lernen – obwohl und gerade weil meine eigene Lebensgeschichte gar nicht glatt verlief. Ich möchte über sie ein Zitat des spirituellen Schriftstellers Henri NOUWEN stellen. Er erzählt in einem seiner Bücher eine Szene aus BERNSTEINs "Messe" (NOUWEN H. (1993), Du bist der geliebte Mensch, Freiburg i. Br., 88), in der der Priester von seiner Gemeinde im wahrsten Sinn des Wortes fallen gelassen wird, wobei sein gläserner Messkelch zerbirst. Der Priester schaut nachdenklich auf den zerbrochenen Kelch und sagt: *Mir war noch nie bewusst, dass zerbrochenes Glas so herrlich strahlt.*- Das scheint mit sehr gut meine eigene Lebenserfahrung zusammenzufassen: wer gebrochen wurde und sich von GOTT neu „zusammensetzen“ lässt, dessen Leben wird heller und strahlender.

Ich erlebte in meinem Leben zwei Mal starke Brüche, wurde, um in dem Bild zu bleiben, gleichsam zu einem zerbrochenen Glas, einmal mit etwa 25, einmal mit etwa 50 Jahren. Meine Kindheit und Jugend war eher bürgerlich als religiös geprägt – d.h. Religion war nicht der tragende Sinngrund meines Lebens, sondern ein gesellschaftlicher Brauch unter anderem. Äußerlich verlief diese Lebenszeit durchaus angenehm – mit Theater, Parties, Bällen, Reitklub etc., innerlich blieb offenbar eine gewisse Leere, die ich noch nicht richtig deuten konnte. In den letzten Studiensemestern und in der ersten Zeit als Universitätsassistentin begann ich also aus diesem Ambiente auszubrechen in Richtung der von der Frankfurter Schule geprägten Studentenrevolte der 68erjahre. Mit dem bürgerlichen Ambiente zerbrach der äußerlich gebliebene Glaube – ich war eine Zeitlang überzeugte Atheistin – im Rückblick ein sehr dunkler Abschnitt meines Lebens. Ich erlebte in dieser Zeit hautnah, dass man äußerlich scheinbar alles haben, aber innerlich leer und desorientiert sein kann. Man kann sich mit Arbeit und / oder Vergnügungen völlig „zuschütten“, diese innere Leere bleibt. Der bekannte Logotherapeut (eine Richtung der Psychotherapie) V. FRANKL betont in seinen Büchern immer wieder, dass ein Mensch, der ein Wozu zu leben hat, fast jedes Wie erträgt – aufgrund der Erfahrung dieses Lebensabschnittes möchte ich den Satz auch umkehren: Wer kein Wozu hat, kann durch kein Wie zufrieden werden.

Die Scherben meiner Jugend wurden in verschiedener Weise neu zusammengesetzt. Zunächst merkwürdiger Weise von der Philosophie her: KANTs Werk „Kritik der reinen Vernunft", für die meisten StudentenInnen eher „fad", war der große Wendepunkt – es faszinierte mich, dass ein so kritisch denkender Mann, der die Möglichkeiten und Grenzen der menschlichen Vernunft fast pedantisch genau auslotet, zur Annahme der Existenz GOTTES kam. Dann lernte ich meinen Mann kennen, der in einer sehr ansprechenden Weise vom christlichen Glauben geprägt war – mein Mann war ein fröhlicher, charmanter, schwungvoller Mensch, für den der christliche Glaube irgendwie zur zweiten Natur geworden war. Manchmal habe ich ihn um diese naturhafte Selbstverständlichkeit fast ein wenig beneidet. Jedenfalls wirkte diese Form von Religiosität auf mich ansteckend – ich wuchs in den katholischen Glauben hinein und begann ein regelmäßiges, intensives Gebetsleben zu führen und studierte später auch Theologie. Übrigens riet mir mein Mann dazu – ich glaube, er spürte, dass eine religiöse Praxis, die nicht auch theoretisch begründet wird, immer in der Gefahr steht, angezweifelt oder gar aufgegeben zu werden. Mein Lebensweg hatte einen spürbaren Sinn und eine klare Ausrichtung bekommen: ich begann mein Leben als Weg zu GOTT zu verstehen und zunehmend zu erfahren, dass man als Mensch nur dann glücklich werden kann, wenn man sukzessive herausfindet, was GOTT mit einem vorhat, und das zu realisieren versucht – denn ganz sicher kann niemand gegen seine Grundprogrammierung glücklich werden. Obwohl glücklich verheiratet, wuchs in mir schon damals die Achtung vor einem Leben im Orden, wohl gefördert dadurch, dass ich – nach relativ langer Karenzzeit – einige Jahre im Gymnasium der Dominikanerinnen in Wien Hacking, also in unserem Schulzentrum, zu unterrichten begann. Ich konnte diese Sehnsucht zunächst nur so deuten, dass GOTT mir klar machen wollte, dass es zwei besonders intensive Wege zu Ihm gäbe – den eines christlichen Ehelebens und den des Ordenslebens.

Dann erkrankte mein Mann schwer, und es begann für mich der bitterste Abschnitt meines Lebens, vier Jahre Sterbebegleitung an dem mir liebsten Menschen. Nach dem Tod meines Mannes konnte ich meinen früher schon gefassten Vorsatz des Ordenseintritts allerdings nicht sofort verwirklichen – ich stand ja vor den Scherben einer glücklichen Ehe und musste erst die neue Zusammensetzung dieser Scherben abwarten, also meine tiefe Trauer bewältigen, wobei mir aber schon einige meiner jetzigen Mitschwestern in einer sehr sensiblen Form halfen; dazu kam, dass mein Sohn mit dem

Studium noch nicht fertig war. – Dann aber war der Weg ins Kloster frei: Für mich selbst schien dieser Weg ins Kloster völlig klar, für andere muss ich wohl zwei Fragen beantworten: Warum Orden? Und warum der Ordo Praedicatorum, vulgo Orden der Dominikaner / Dominikanerinnen?

Warum Orden? Orden versuchen die Tatsache, dass **jeder** Mensch ein Berufener ist, in symbolischer Verdichtung zu leben – oder sollten das zumindest -, und so auf diese Berufung jedes Menschen aufmerksam zu machen. Daher gelten die Grundakzente des Ordenslebens in abgewandelter Form für jeden Menschen, der sich auf ein Leben mit GOTT einlassen will:

Das Motto **bete und arbeite** wurde schon von AUGUSTINUS geprägt und von BENEDICT übernommen – und ist für jeden Menschen nötig, der sein Leben auf GOTT hin leben will: die eigene Berufung im Gebet immer wieder zu erspüren und in der Arbeit zu realisieren. Die verschiedenen Arten des Betens werden ja in diesem Büchlein noch ausführlicher besprochen. „Bete und arbeite“ umschreibt also die Grundberufung des Menschen zur GOTTES- und Nächstenliebe.

Auch die **Gelübde** sind keineswegs exotische Verpflichtungen für Ordensangehörige – leider verstehen das heute viele Menschen so und sehen daher in einem Ordensleben etwas Düsteres, Bedrückendes -, sondern Wegweiser zu einem freieren und harmonischeren Menschsein, ohne das eine authentische GOTTES- und Nächstenliebe gar nicht lebbar ist. Schon die Grundbedürfnisse des Menschen weisen über den endlichen Bereich hinaus – denn niemand kann sich auf Erden durch Besitz absolut absichern, kann absolut lieben und geliebtwerden, kann sein Lebenskonzept absolut frei durchsetzen. Wer also die Gelübde Armut, Ehelosigkeit und Gehorsam lebt, schränkt seine Grundbedürfnisse nicht aus Masochismus oder missverstandenem Opferdenken ein, sondern will selbst immer freier werden für eine absolute Geborgenheit, eine absolute Liebe, eine absolute Freiheit, wie sie bei Menschen nicht zu erlangen ist – wer das versucht, würde Menschen total überfordern, sie letztlich vergötzen. Denn niemand kann auf endlicher Ebene seine unendliche Sehnsucht stillen. Das wird auch durch viele Kunstwerke veranschaulicht – Künstler haben für existentielle Konflikte meist ein feines Empfinden. Ein schönes Beispiel für viele: im Schlussduett der Oper CARMEN sagt Don JOSÉ zu ihr nicht nur: „Ich liebe dich“, sondern auch „Ich bete dich an“ – und dann tötet er sie, weil er den Verlust des Wesens nicht verkraften kann, auf das er sein Leben gebaut, das er vergötzt, hat. Das deutsche Wort „glauben“ ist leider etwas blass und mehrdeutig – im Hebräischen meint das entsprechende Wort „sich in Jemandem verankern“, „sein Leben in Jemandem begründen“. Ich glaube,

hier wird schon von der Sprache her deutlich, dass der, der sein Leben auf etwas oder jemand Endlichen baut, auf Sand gebaut hat. Auch die lateinische Bezeichnung für Glauben, *credere*, ist deutlicher – in ihr steckt *„cor-dare"*, jemandem sein Herz schenken.
Und **warum der OP**? Weil mir gerade in unserer Zeit das Grundziel unseres Ordens, das zum Motto bete und arbeite und zu den Gelübden dazukommt, aktueller denn je erscheint - die Glaubensverkündigung durch Überzeugung. Unser Ordensgründer, der hl. DOMINICUS, suchte die Anhänger einer damals verbreiteten Irrlehre, die sogenannten Katharer (unser Wort „Ketzer" ist davon abgeleitet) nicht mit Gewalt – wie im Mittelalter leider häufig - , sondern durch wissenschaftlich fundierte Predigt **und** durch zeichenhaft gelebte Armut zu überzeugen – eine Art der Glaubensverkündigung, die mir heute aufgrund des zunehmenden Materialismus und Atheismus noch um vieles nötiger erscheint als damals.
Für mich bietet dieses Ordenskonzept den geradezu „maßgeschneiderten" Rahmen für meinen persönlichen Weg – daher bleibt mir im Rückblick nur ein Danke: ein Danke dafür, dass zwei Mal die Scherben meines Lebens neu und strahlender zusammengesetzt wurden.

Rückblickend kann ich also sagen: Das Beten war das, was mich durch alle Schwierigkeiten und Brüche hindurch mit GOTT verbunden hat – in der Ehe und im Kloster. Daher bedeutet für mich beten lernen leben lernen.

1. Tag

1.1 Vormittag

1.1.1 Vorüberlegungen

Dieses Büchlein will Ihnen einen Roten Faden zum Beten-Lernen, vor allem zum Erlernen von Meditation und Kontemplation, bieten. Sie können sich dieses Leitfadens auf verschiedene Weise bedienen:

- Sie können dieses Buch einfach lesen, um Informationen über die verschiedenen Gebetsarten zu gewinnen.
- Sie können sich sieben Tage an einen möglichst ruhigen Ort, z.B. in ein Kloster, zurückziehen und anhand dieses Büchleins Exerzitien machen. Dazu ist nötig, dass Sie regelmäßig Vormittag und Nachmittag eine feste Zeit für das Beten einhalten, mindestens je zwei Stunden. Wünschenswert wäre ein tägliches Mitfeiern der Eucharistie.
- Sie können die Anweisungen des Büchleins auch auf sieben Wochen verteilen und so Exerzitien im Alltag machen.

Am besten freilich wäre es, wenn Sie zunächst sieben Tage Exerzitien machten, dann aber im Alltag Ihren persönlichen Gebetsweg fest einbauten – etwa so, dass Sie am Morgen zumindest zwanzig Minuten kontemplativ beten, am Abend etwa ebenso lang einen Bibeltext (z.B. das Tagesevangelium, die Tageslesung, einen Psalm aus der Tagesvesper,....) meditieren. Ich selbst habe das vor meinem Klostereintritt rund dreißig Jahre praktiziert und konnte dieses Gebetsleben durchaus mit meinen Aufgaben als berufstätiger Ehefrau, Mutter und Hausfrau verbinden. Am Anfang ist etwas Disziplin erforderlich, doch dann wird das Beten zur Selbstverständlichkeit, die einem fehlt, wenn man es manchmal, vor allem am Abend, nicht schafft.

Zu Beginn sind einige Erklärungen nötig – ich muss Sie also um einen Vertrauensvorschuss bitten. Ab dem 2. Tag werden die Erklärungen weniger, die Möglichkeit des praktischen Übens steht im Vordergrund.

1.1.2 Alle wollen glücklich werden – warum gelingt das so wenigen?

„Denn in Ihm leben wir, bewegen wir uns und sind wir“ (Apg 17,28)

Viele Menschen, denen wir begegnen, behaupten von sich, unglücklich zu **sein**, aber keiner von diesen Menschen sagt, unglücklich **werden** zu wollen. Glück scheint also so ziemlich das einzige von allen Menschen erstrebte, doch nur von wenigen Menschen erreichte Ziel zu sein.
Tiere haben es einfacher. Sie sind auf gewisse Grundbedürfnisse wie Nahrung, Sexualität und Geborgenheit programmiert und offenbar glücklich, wenn und so lange diese befriedigt sind. Der Mensch ist komplizierter, er ist gleichsam ein Tier-Engel-Zwischenwesen: Unsere Instinkte und Triebe sind zu stark, um ganz vernachlässigt werden zu können – wir sind keine Engel -, und zu gering, um als Basis eines geglückten Lebens brauchbar zu sein – wir sind keine Tiere. Zur Kompensation seiner schlechteren Instinktausstattung hat der Mensch Verstand und Willen. Dadurch muss der Mensch nicht jede auftretende Triebregung befriedigen; schiebt er die Befriedigung auf oder versagt sich diese ganz, entsteht bei ihm ein Triebenergie-Überschuss, den er auf andere Ziele richten kann. Ein einfaches Beispiel: wer eine höhere Berufsausbildung anstrebt, muss immer wieder sein Bedürfnis nach Unterhaltung und Freizeit zurückstellen und die dadurch unverbrauchte Zeit und Energie für seine Ausbildung verwenden. Der Mensch steht also immer gleichsam „unter Spannung", die umso mehr wächst, je stärker seine Grundbedürfnisse beschnitten werden. Schließlich erfährt er mehr und mehr, dass seine Sehnsucht ins Unendliche wächst und er für seine **unendliche Sehnsucht** in diesem Leben immer nur eine **endliche Befriedigung** erhält – m.a.W.: der Mensch will immer mehr, als er in dieser Welt bekommen kann. Gerade in unserer konsumorientierten Zeit nützt die Werbung diese Tatsache geschickt aus, indem sie den Menschen einredet, die unendliche Sehnsucht durch unendlich viele materielle Güter stillen zu können – und, weil das natürlich unmöglich ist, kann sie der lebenslangen Kauffreudigkeit ihrer Kunden sicher sein. Wem diese Möglichkeiten des Unglücklich-Werdens noch nicht genügen, der möge das Anhäufen von Lebensabschnittspartnern miteinbeziehen, weil dadurch zwischenmenschliche Beziehungen auf bloße Sachbeziehungen herabgewürdigt werden: Zu Dingen kann man keine personalen Beziehungen aufbauen, und viele flüchtige Beziehungen können nie die Tiefe und Innigkeit eines dauernden Teilens des Lebens mit einem Partner in allen Höhen und Tiefen erreichen – es ist schade, dass immer weniger Menschen sich auf die Erfahrung einer lebenslangen Beziehung einlassen. Kurz: Eine unendliche Glückssuche auf endlicher Ebene ist in sich widersprüchlich und kann daher gar nicht zum gewünschten Erfolg führen.

Die Erfahrung, dass wir mehr wollen als wir bekommen, machen wir wohl alle. Die Konsequenzen, die Menschen daraus ziehen, sind allerdings recht unterschiedlich: Die einen resignieren und begnügen sich mit dem kleinen „Glückerl"; andere flüchten in Freizeitindustrie und / oder blinden Aktivismus, vielleicht sogar in Drogen oder Selbstmord. Andere aber beginnen nachzudenken und erkennen, dass ihre Sehnsucht **über den endlichen Bereich hinausweist:**

Erstens: niemand kann sich auf Erden durch Besitz absolut absichern, kann absolut lieben und geliebt werden, kann sein Lebenskonzept absolut durchsetzen. Unsere Sehnsucht nach Geborgenheit, Liebe und Freiheit ist einfach viel zu groß für diese Welt. Will der Mensch also glücklich werden, muss er auf einer anderen als der irdischen Ebene suchen.

Zweitens: Der Mensch erfährt immer wieder, dass es für ihn ein Glück ist, nicht alle von ihm angestrebten Ziele zu erreichen und nicht alle Wünsche erfüllt zu bekommen, weil ihm oft der Überblick fehlt, was ihm wirklich gut tut. Will der Mensch also glücklich werden, muss er auf jemanden hören lernen, der sein Leben ganz überblickt und der ihn mehr liebt, als er sich selbst lieben kann – er muss lernen, auf GOTT zu hören.

Will der Mensch also glücklich werden, muss er seine **unendliche Sehnsucht** nach Glück und Liebe bewusst annehmen und sein Glück aus der Hand GOTTES empfangen lernen. Um mit GOTT zu leben, muss man mit Ihm in Kontakt treten und bleiben – und genau das meint **Beten** im weitesten Sinn. Wer wirklich beten will, muss von einem allzu engen Gebetsverständnis wegkommen – GOTT ist kein Automat, den man im Bedarfsfall mit seinen Wünschen füttert und dann deren prompte Erledigung erwartet. Wer so betet, hat sein Leben nicht auf GOTT, sondern bloß auf sich selbst ausgerichtet.

Die Grundausrichtung des Lebens auf GOTT könnte man statt als „Glauben" auch als **„indirektes Beten"** bezeichnen. *„Betet ohne Unterlass" (1 Thess 5,17).* Aber auch wenn das gesamte Leben des gläubigen Menschen zum (indirekten) Gebet werden soll, kann dies nur gelingen, wenn der Mensch auch das **direkte Gebet** übt. Da wir nicht bei einem heilen Zustand („Paradies") anfangen können, sondern immer schon in der Entfremdung („Ursünde"), fällt uns das Leben in der Gegenwart GOTTES schwer. Denn GOTT ist uns zwar immer gegenwärtig, aber wir sind uns dieser Gegenwart nicht immer bewusst. Und da ist es zu wenig, sich die Allgegenwart GOTTES theoretisch vorzustellen, sondern wir müssen immer wieder das direkte Gebet **praktisch üben,** um uns dieser Gegenwart GOTTES immer mehr bewusst zu werden. – nur dann kann unser ganzes Leben sukzessive zum

indirekten Gebet werden, ein lebenslanger Weg. Auf diesem Weg müssen direktes und indirektes Gebet immer ineinander verwoben bleiben: das direkte Gebet als „Üben“ der Grundausrichtung auf GOTT, das indirekte durch eine entsprechende **Lebensgestaltung** – durch ein **einfaches Leben.** Damit ist nicht oder nur sekundär ein gewisser Verzicht auf Luxus gemeint. Primär erfordert das ein Bemühen um ein Leben im **Jetzt,** weil das die einzige Zeitdimension ist, die an die Ewigkeit GOTTES rührt – *„Jetzt ist die Zeit der Gnade“ (2 Kor 6,2).* Nur im Jetzt können wir ganz präsent sein, nicht zerrissen in ein gegenwärtiges Tun und in ein Träumen von Vergangenheit oder Zukunft. Nur im Jetzt sind wir wach und offen für GOTTES Willen, damit Er zu uns sprechen kann - durch andere Menschen, die uns begegnen, und durch die Situationen, in die Er uns stellt – eine Haltung, die JESUS als „Wachsamkeit“ oder „reines Herz“ bezeichnet.
„Denn in Ihm leben wir, bewegen wir uns und sind wir“ (Apg 17,28): Dieser Satz sagt aber nicht nur aus, dass wir unser ganzes Leben zum indirekten Gebet machen sollen, sondern auch, dass wir als **ganze Menschen** beten sollen. Nach biblischer Überzeugung hat GOTT uns Menschen nicht als Gespenster geschaffen, sondern als leibseelische Ganzheit. Während man im Mittelalter, zumindest in den Orden, noch den Körper ins Gebet miteinbezog – etwa der hl. DOMINICUS oder der uns unbekannte Verfasser der „Wolke des Nichtwissens“ -, ging man neuzeitlich immer mehr davon ab – der Körper wurde zum **Fremdkörper,** in dem man nicht mehr wirklich zu Hause ist.

Viele Menschen investieren viel Zeit in ihre berufliche Karriere, wenig Zeit in ihre Partnerschaft und Familie und gar keine in ihre Beziehung zu GOTT – und wundern sich, dass ihre Ehen unbefriedigend sind und GOTT für sie tot ist. Doch kann jeder unschwer selbst erfahren: je mehr ich mich in eine Beziehung hineinbegebe, desto mehr wird sie glücken.
Die Ehe als Bild unserer Beziehung zu GOTT findet sich in der Bibel erstmals beim Propheten HOSCHEA und wird im NT und in der christlichen Literatur, besonders in der Liebesmystik, ausgefaltet. Die Arten des direkten Gebets lassen sich daher gut an den Arten des Umgangs menschlicher Partner miteinander ablesen. Partner **sprechen** über alles miteinander, was sie bewegt – auf GOTT übertragen: das **verbale Gebet**. Gefühle lassen sich aber nur unzureichend in Worte fassen, weshalb Liebende sich verbaler, bildlicher, gegenständlicher **Symbole** bedienen; die Rose, die „er“ „ihr“ schenkt, oder die Lieblingsspeise, die „sie“ „ihm“ kocht“, sagt meist mehr als tausend Worte – als Gebet: die **Meditation**. Und schließlich gibt es ein tiefes,

gemeinsames Schweigen, das noch mehr aussagt als Worte und Bilder – wer kennt nicht diese kostbaren Stunden, in denen man bei einem geliebten Menschen einfach sitzt, vielleicht seine Hand hält und von tiefem Glück erfüllt ist, dass es gerade diesen Menschen gibt? - als Gebet: die **Kontemplation**. Diese unterschiedlichen Gebetsarten, die eben den unterschiedlichen Möglichkeiten von zwischenmenschlichen Beziehungen entsprechen, sind in allen Hochreligionen seit Jahrhunderten, ja, seit Jahrtausenden bekannt. Die Erfahrungen von Menschen sind und bleiben ähnlich, ihre Interpretationen aber verschieden, weil diese vom kulturellen Umfeld und vom individuellen Bildungsstand des interpretierenden Menschen abhängen. Erst im 20. Jh. wurden diese unterschiedlichen Möglichkeiten, Erfahrungen zu deuten, auch durch die Gehirnforschung bestätigt.

1.1.3 Vorübung zur Kontemplation

Am wichtigsten ist die Haltung des Oberkörpers: Heute wissen oft nur mehr Sportler um die Bedeutung des Körperschwerpunkts, im Mittelalter war diese Bedeutung noch stärker bekannt – denken Sie an die Madonnenstatuen, die dauerschwanger wirken, in Wirklichkeit aber im Körperschwerpunkt stehen. Denn es ist das Stehen, Gehen und Sitzen im Schwerpunkt eine große Hilfe zu seelischer Stabilität – man wird kaum durch etwas „umgeschmissen“, man bleibt in innerer Harmonie, gleichgültig, was außen geschieht. Für das Bleiben im Schwerpunkt ist wichtig die aufrechte, sich selbst tragende Wirbelsäule, die Schädeldecke parallel zur (imaginären) Zimmerdecke, der Bauch nicht eingezogen. Diese Wirbelsäulenhaltung ist im Stehen, Gehen und Sitzen beizubehalten. Beim Sitzen gibt es mehrere Möglichkeiten, die Beine zu verstauen – je nachdem, ob man auf einem Sessel, einem Schemel oder einem Polster / einer Decke sitzt: die Beinhaltung ist also gegenüber der Oberkörperhaltung sekundär, es ist niemand benachteiligt, der den halben oder gar ganzen Lotussitz nicht schafft.

Eine weitere wichtige Hilfe ist der Atem. Der Atem ist Realsymbol des Lebens, des GOTTESGEISTES – d.h. er ist nicht bloß Erinnerungszeichen daran, dass unser Leben von GOTT geschenkt und genommen wird, sondern GOTTES Leben ist in ihm partiell gegenwärtig. Die aufrechte Wirbelsäulenhaltung ist auch die beste Voraussetzung für eine richtige Atmung. Der Atem sollte den gesamten Brust-Bauch-Raum durchströmen, das Ausatmen etwa doppelt so lang dauern wie das Einatmen. Nicht nur für Anfänger, sondern bisweilen auch für Fortgeschrittene, die gerade unter Sammlungsschwierigkeiten leiden, kann das Zählen des Atems eine Hilfe sein, zerstreuende Gedanken loszuwerden.

Damit sind wir bei der schwierigsten Anforderung des kontemplativen Gebets, beim **Leerwerden** – von dessen Sinn wir noch hören werden, vorläufig nur so viel: Wo wir voll sind von eigenen Begierden, Wünschen, Gedanken, kann GOTT nicht hinein, denn Er respektiert unsere Freiheit. Nichts aber fällt uns so schwer, wie das Loslassen dieser Begierden, Wünsche und Gedanken – machen sie doch unser konkretes Ich aus. Vordergründig sind wir einfach gewohnt, immer etwas zu denken. Hintergründig aber geht es bei der Forderung nach Leerwerden um ein totales Loslassen, d.h. um ein Sterben, und davor graut uns instinktiv. Daher ist die größte Hilfe zum Leerwerden das Vertrauen, dass wir nicht Leerwerden um des Leerwerdens willen, sondern um dem wahren Leben und Glück, GOTT, in uns Raum zu geben: *Denn wer sein Leben retten will, wird es verlieren; wer aber sein Leben um meinetwillen und um des Evangeliums willen verliert, wird es retten (Mk 8,35).* Neben diesem Grundvertrauen, dass Lebensverlust, richtig verstanden, Lebensgewinn ist, sind weitere Hilfen zum Leerwerden etwa das schon erwähnte Zählen des Atems oder einfach die Beobachtung des Atems, wie er kommt und geht. Wenn dennoch Gedanken in uns aufsteigen, sollen wir sie weder gewaltsam unterdrücken noch uns darüber ärgern, sondern sie einfach vorüberziehen lassen, wie die Wolken an einem Berg vorüberziehen, ohne dass die Ruhe und Harmonie des Berges dadurch gestört wird. Kommen bestimmte Probleme immer wieder, sollten wir sie während der Kontemplation auch vorüberziehen lassen, aber sie nachher in Ruhe anschauen, vielleicht mit einem Freund oder Geistlichen Begleiter besprechen, um sie aufarbeiten zu können.

Wählen Sie nun eine Sitzart, in der sie unverkrampft 20 bis 30 Minuten aushalten können. Da Sie im kontemplativen Zustand das Zeitbewusstsein verlieren, empfiehlt es sich, eine Uhr auf die von Ihnen vorgesehene Zeit einzustellen. Optimal wäre Lotus- oder Halblotussitz oder das Knien auf einem Gebetsschemel, letzteres ist auch für den Ungeübten wesentlich einfacher. Wenn Sie keine dieser Sitzarten schaffen, setzen Sie sich aufrecht auf einen Sessel; stellen Sie Ihre Füße etwa in Hüftbreite fest auf den Boden. Richten Sie Ihren Oberkörper so im Körperschwerpunkt auf, dass die Wirbelsäule ohne Verkrampfung aufrecht bleibt. Die Arme bilden einen Halbkreis, gleichsam eine nach oben offene Schale, die Hände bilden, mit den Handflächen nach oben, eine kleine Schale.

Nun machen Sie sich langsam Ihren eigenen Körper bewusst (ich gehe hier davon aus, dass Sie auf einem Sessel sitzen): Ihre Füße, die auf dem Boden fest aufliegen; Ihre Unterschenkel, die senkrecht darüberstehen und um die

daher die Luft frei streichen kann; die Oberschenkel, waagrecht zum Boden, mit der oberen Hälfte auf dem Sessel aufruhend – die Punkte, auf denen Ihr Körper aufruht, sind daher Ihre Fußsohlen und Ihre Gesäßknochen; der Rumpf bildet wieder eine Senkrechte, setzt also die senkrechte Linie der Unterschenkel fort, auch um ihn kann die Luft frei streichen; die Arme bilden eine große, die Hände eine kleine offene Schale; Hals und Kopf setzen die Senkrechte des Rumpfes fort, die Augen sind halb oder ganz geschlossen.
Lassen Sie sich zu diesem virtuellen Spaziergang durch Ihren Körper ausreichend Zeit.
Dann beginnen Sie auf Ihren Atem zu achten, ohne ihn willentlich zu steuern. Achten Sie einfach darauf, wie kommt und geht, kommt und geht,....Setzen Sie diese Übung so lange fort, bis der Atem tief und langsam aus- und einströmt und störende Gedanken immer weniger werden, im Idealfall sogar ganz aufhören.

Sie sind nun ganz im Jetzt gesammelt – die einzige Zeitdimension, die an die Zeitlosigkeit GOTTES rührt. Versuchen Sie, diese Haltung zu bewahren: Wenn Sie die Möglichkeit zu siebentägigen Exerzitien haben, vermeiden Sie jede Zerstreuung – lesen Sie nur diesen Leitfaden und die zur Meditation angegebenen Bibelstellen -, schalten Sie kein Radio und schon gar keinen Fernseher an. Gehen Sie viel in der Natur spazieren, aber lassen Sie Ihre Gedanken nicht spazieren gehen. Gehen Sie langsamer als gewohnt und versuchen Sie, einfach das wahr-zu-nehmen, was Sie sehen, hören, riechen, spüren. Im Wahrnehmen nehme ich Wahres an, wie es ist. Wir sind leider gewöhnt, alles, was wir wahrnehmen, gleich zu interpretieren, zu kategorisieren und zu überlegen, was wir für unsere Zwecke gebrauchen können – wir schaffen eine Welt nach unserem Bild. Ein erster Schritt dazu, GOTT GOTT sein zu lassen, ist, die Schöpfung in ihrer GOTTgewollten Ordnung anerkennen zu lernen: *„Euch aber muss es zuerst um Sein Reich und um Seine Gerechtigkeit gehen; dann wird euch alles andere dazugegeben“ (Mt 6, 33).*

1.1 Nachmittag: Meditation zu Gen 2

Die nachmittägliche Meditation wird jeden Tag gleich, nämlich entsprechend der klassischen Geistlichen Schriftlesung (s.u., 2.Tag), aufgebaut sein:

1. Schritt: Ein Schrifttext, der erklärt wird – Sie lesen diesen Text langsam durch

2. Schritt: Sie überlegen, was an dem Text Sie persönlich berührt. Dies ist bei jedem Menschen verschieden, ja, bei demselben Menschen nach einiger Zeit verschieden, weil es hier um die Verbindung von Bibeltext und eigener Lebenserfahrung geht.
3. Sie überdenken, was Sie von dem Text praktisch in Ihrem Leben umgesetzt haben oder in Zukunft umsetzen können.
4. Sie gehen über zur Kontemplation: Sie arbeiten nicht mehr aktiv mit dem Bibeltext, wie in den vorhergehenden drei Schritten, sondern lassen ihn in sich einsickern wie in eine Schale.

GOTT wollte den Menschen „in einem Paradies", d.h. heil und glücklich (Gen 2,4b-25, gekürzt)

An den Beginn möchte ich einige bekannte Bibeltexte stellen, die von einem Dichter stammen, dessen Namen wir – wie bei vielen biblischen Autoren - nicht mehr wissen. Er will mit bildhaften Legenden schon vor fast 3000 Jahren die Frage beantworten, warum wir Menschen uns in einer von Schuld, Leid und Tod mitgeprägten Welt vorfinden, obwohl diese Welt von einem allgütigen und allmächtigen GOTT geschaffen sein soll. Und diese Frage geht uns heute sicher genauso an wie damals.

(Gen 2,7) Da formte Gott, der Herr, den Menschen aus Erde vom Ackerboden und blies in seine Nase den Lebensatem. So wurde der Mensch zu einem lebendigen Wesen. (2,8) Dann legte Gott, der Herr, in Eden, im Osten, einen Garten an und setzte dorthin den Menschen, den er geformt hatte. (2,9) Gott, der Herr, ließ aus dem Ackerboden allerlei Bäume wachsen, verlockend anzusehen und mit köstlichen Früchten, in der Mitte des Gartens aber den Baum des Lebens und den Baum der Erkenntnis von Gut und Böse ... (2,15) Gott, der Herr, nahm also den Menschen und setzte ihn in den Garten von Eden, damit er ihn bebaue und hüte.
(2,16) Dann gebot Gott, der Herr, dem Menschen: Von allen Bäumen des Gartens darfst du essen, (2,17) doch vom Baum der Erkenntnis von Gut und Böse darfst du nicht essen; denn sobald du davon isst, wirst du sterben.
(2,18) Dann sprach Gott, der Herr: Es ist nicht gut, dass der Mensch allein bleibt. Ich will ihm eine Hilfe machen, die ihm entspricht. (2,19) ... (2,21) Da ließ Gott, der Herr, einen tiefen Schlaf auf den Menschen fallen, so dass er einschlief, nahm eine seiner Rippen und verschloss ihre Stelle mit Fleisch. (2,22) Gott, der Herr, baute aus der Rippe, die er vom Menschen genommen hatte, eine Frau und führte sie dem Menschen zu. (2,23) Und

der Mensch sprach: Das endlich ist Bein von meinem Bein und Fleisch von meinem Fleisch. „Männin" soll sie heißen; denn vom Mann ist sie genommen. (2,24) Darum verlässt der Mann Vater und Mutter und bindet sich an seine Frau, und sie werden ein Fleisch. (2,25) Beide, Adam und seine Frau, waren nackt, aber sie schämten sich nicht voreinander.

In dieser Erzählung GOTT formt den Menschen (ADAM, d.h. Erdling) aus Ackerboden (*adamah)* und bläst ihm Seinen Lebensatem ein – der Mensch hat also etwas **von der Erde** und etwas **von GOTT**, steht zu beiden in einer unlösbaren Beziehung. Wer auch nur ein Mal das Sterben eines Menschen miterlebt hat, weiß, dass wir mit all unserer menschlichen Liebe den Lebensatem dieses Menschen nicht zurückhalten können, dass dieser Atem das Geschenk eines Anderen, eines Höheren ist. Und GOTT stellt diesen von Ihm geschaffenen Erdling fürsorglich in einen schönen Garten. „Garten" ist sprachlich verwandt mit Gurt, Gürtel und ein Symbol für Geborgensein
Die beiden Bäume in der Mitte symbolisieren das, was nur von GOTT geschenkt werden kann – **geglücktes Leben und wahre Erkenntnis**. „Mitte" ist nicht bloß eine räumliche Angabe – auch wir sagen „Zur eigenen Mitte finden" im Sinne von „zur letzten Identität kommen, zu sich selbst finden" – und meinen damit den Bereich der eigenen Tiefe, in der wir in GOTT sind und GOTT in uns ist, also den Bereich der Unverfügbarkeit. Wer darüber verfügen wollte, würde sein inneres Heiligtum zerstören. Die Aufgabe des Bebauens und Behütens gestattet dem Menschen einen verantwortungsvollen Gebrauch, aber keineswegs eine Ausbeutung der Umwelt, in die GOTT ihn gestellt hat.

Den einzigen Dank, den GOTT für diese großzügige Grundausstattung erwartet, ist, dass wir unser Lebensglück und unser Erkennen vertrauensvoll aus Seiner Hand annehmen und es uns nicht misstrauisch eigenmächtig nehmen wollen (eigenmächtiges Essen vom Baum des Lebens und der Erkenntnis). Wenn wir aber davon essen, fallen wir aus dem ursprünglichen Vertrauen heraus und an die Stelle guter Beziehungen treten entfremdete – wir „sterben", wir werden zu lebenden Toten. – Bei jedem Freiheitsmissbrauch drängt sich die Frage auf, warum GOTT den Menschen mit **Freiheit** ausstattete, obwohl Er doch wissen musste, wie oft und wie schrecklich dieses Geschenk missbraucht werden würde. Aber: Wenn GOTT in uns einen Partner wollte, der Seine Liebe mit **Gegenliebe** erwidern könnte, musste Er dieses Risiko eingehen – Liebe setzt grundsätzlich Entscheidungsfreiheit voraus. Verbunden mit der Frage nach dem Sinn der Freiheit ist die

Frage, ob menschliche Freiheit trotz und neben der göttlichen Allmacht bestehen könne. Auf philosophischer und theologischer Ebene ist diese Frage schwer zu beantworten, leicht aber in einem Bild. Jede Mutter ist ihrem Baby gegenüber zunächst allmächtig – nur weil sie diese Allmacht schrittweise zurücknimmt, kann das Kind sich frei entfalten und zu einem verantwortungsvollen Menschen heranreifen. Und diese Zurücknahme der mütterlichen Überlegenheit geschieht aus demselben Motiv, das wir bei GOTT annehmen dürfen: aus Liebe. Liebe will die freie und bestmögliche Entfaltung des Geliebten – sonst würde sie den Namen Liebe gar nicht verdienen. Daher ist der Mensch nicht trotz, sondern wegen der göttlichen Allmacht und Liebe frei! Menschliche Mütter sind aber beschränkt in ihren Möglichkeiten, oft können sie oft nicht richtig einschätzen, was und wie viel sie ihrem Kind bereits zumuten können; ferner stehen sie immer wieder in der Gefahr, ihre eigenen Wünsche auf das Kind zu übertragen – bei GOTT fallen diese Einschränkungen selbstverständlich weg. Wir dürfen daher vertrauen, dass Er Seine Allmacht immer genauso weit zurücknimmt, wie es unserer Entwicklung gut tut – aus Liebe zu uns: unsere Freiheit ist also letztlich von GOTTES Liebe ermöglicht.

„Rippe“ ist ein Bild für die Wesensgleichheit von Mann und Frau; im Deutschen drücken wir die Verwandtschaft etwas anders aus – wir sagen: dasselbe „Fleisch und Blut“. Ein jüdisches Sprichwort deutet die Rippe so: Die Frau ist nicht aus dem Haupt des Mannes geschaffen, damit sie nicht über ihn herrsche, aber auch nicht aus seinen Füßen, damit nicht er über sie herrsche, sondern aus seiner Rippe, die seinem Herzen nahe ist – damit sie einander lieben. Die Freude ADAMS über seine Partnerin hat etwas Rührendes an sich. Im Hebräischen liegt ein Wortspiel zugrunde: *isch* heißt Mann und *ischáh* Frau, deshalb habe ich die Übersetzung mit „Männin“ bevorzugt. Dass Mann und Frau „ein Fleisch“ werden, meint nicht nur die körperliche Vereinigung. Die Bibel hat – im Gegensatz zur griechisch-römischen Philosophie - ein ganzheitliches Menschenbild: „Seele“, „Herz“, „Fleisch“ etc. meinen nicht Teile, aus denen der Mensch zusammengesetzt ist, sondern Aspekte des ganzen Menschen. „Sie werden ein Fleisch“ meint also, sie werden eine **personale Einheit**. „Fleisch“ hat aber im Hebräischen die Nuance von „Mensch als hinfälliges, hilfsbedürftiges Wesen“ – Mann und Frau sollen also eine personale Einheit werden, um einander in ihrer Hilfsbedürftigkeit, in ihrer Endlichkeit, beizustehen – ähnlich, wie wir bei der Eheschließung Treue nicht nur in guten, sondern auch in schlechten Zeiten versprechen. Dass sie sich in ihrer Nacktheit nicht voreinander schämen, drückt in feinfühliger Weise aus, dass ihre Beziehung heil und geglückt war, denn wir schämen uns dort zu Recht, wo wir das Niveau einer zwischenmenschlichen Beziehung unterbieten, keineswegs nur auf sexuellem Gebiet.

So komponiert der Autor seine Erzählung: GOTT stellt jeden Menschen in ein „Paradies“, also in heile Beziehungen - zu GOTT, zur Umwelt, zum Mitmenschen - und dadurch zu sich selbst. Und bis heute glückt menschliches Leben umso mehr, je heiler diese Grundbezüge sind.

2. Tag

2.1 Vormittag: Symbol, Meditation, Traum, Vision

2.1.1 Symbol und Meditation

Heute bekommen Sie die Erklärung zu Einigem nachgeliefert, was Sie bereits gestern praktisch ein wenig geübt haben. Gerade für Gebet und Meditation ist es wichtig zu klären, was ein Symbol ist und was es kann. **Begriffe** drücken Denkinhalte aus, gleichgültig, ob sie gedacht, ausgesprochen oder niedergeschrieben werden. Im strengen Sinn begreifen aber lassen sich nur solche Denkinhalte, die von anderen klar abgrenzbar sind – also unsere Vorstellungen von **materiellen Dingen:** „Begreifen“ ist ja immer ein „Begrenzen“ – beobachten Sie einmal, wie Kleinkinder noch im wörtlichen Sinn „begreifen“, indem sie unbekannte Gegenstände abtasten. Denkinhalte, die Geistiges meinen – etwa Gerechtigkeit, Liebe, GOTT - sind nicht so klar abgrenzbar. Sie sind Hinweise auf eine den materiellen Bereich übersteigende Wirklichkeit, die wir mit unseren eigenen Erfahrungen füllen und die uns zugleich einladen, weitere Erfahrungen in diesem Bereich zu machen. Diese Wörter sind daher keine Begriffe im strengen Sinn, sondern eigentlich **sprachliche Symbole.** Dieser Unterschied ist psychologisch durch die Verschiedenheit unserer beiden Gehirnhälften erklärbar – die Begriffe entsprechen der linken (rationalen), die Symbole der rechten (intuitiven) Gehirnhälfte.
Das Wort **„Symbol“** kommt aus dem Griechischen vom Verb *symbállein*, d.h. zusammenfügen. Ursprünglich war damit ein kleiner Gegenstand gemeint (Ring, Brosche, Spielmarke), den Gastfreunde zerbrachen und jeder in der eigenen Familie weitergab; im Bedarfsfall konnte sich durch Mitnehmen und Zusammenfügen der beiden Teile jemand als Familienmitglied des Gastfreundes ausweisen. Im heutigen Sprachgebrauch bedeutet **Symbol**

etwas mit den Sinnen Wahrnehmbares – Wort, Bild, Melodie, Gegenstand -, das aber etwas Geistiges meint. Ein Symbol ist daher ein materielles Bild für Geistiges und erschließt dadurch einen größeren Wirklichkeitsbereich. Das Symbol „kann“ folglich mehr als ein Begriff und ist für jede Beziehung zwischen Personen, ob zwischen Menschen oder zwischen Mensch und GOTT, unverzichtbar. Als Bild für einen wesentlich weiteren geistigen Bereich will das Symbol durch **Handlungen** zunehmend gefüllt und konkretisiert werden. Ein uns allen vertrautes Beispiel: ein Ehering symbolisiert das Ganze der Ehe, wird aber zu einer leeren Hülse, wenn diese Ehe nicht ein Leben lang durch Tausende verschiedener Handlungen gefüllt wird, vom Fensterputzen bis zum gemeinsamen Feiern, vom Durchstehen schwieriger Situationen bis zur körperlichen Vereinigung. Das Symbol deutet das Ganze einer umfassenden Wirklichkeit im Bild, die einzelnen Handlungen realisieren das Ganze, ohne es je ganz einholen zu können. Das wird auch in der Bibel und in der Liturgie deutlich.

Meditation ist die ganzheitliche Betrachtung (religiöser) Inhalte. Ganzheitlich meint, man denkt diese Inhalte nicht bloß mit dem Verstand durch, sondern lässt sie ganzheitlich auf sich wirken – **auf Verstand, Gefühl und Wille**. Daher will die klassisch gewordene, auf BENEDICT zurückgehende **Bibelmeditation,** auch *lectio divina*, Geistliche Schriftlesung, genannt, die Schrift mit dem Leben in Verbindung bringen (“Korrelation“). Dazu ist es hilfreich, sich in der Vorstellung möglichst in die gelesene Situation hineinzuversetzen, als ob man life dabei wäre – eine Methode, die man **Imagination** nennt (IGNATIUS von Loyola, viele moderne Richtungen der Psy-chologie). Dieses Sich-hinein-Versetzen erfolgt zunächst bewusst und willkürlich, kann aber zunehmend unser Unbewusstes (s.u.) aktivieren, so dass solche Bilder und Szenen dann unwillkürlich im Traum oder auch als Tagtraum / Vision auftreten.
Seit dem 2. Vaticanum haben sich eine Reihe wissenschaftlicher Methoden der Bibelarbeit entwickelt. Dies ist selbstverständlich anzuerkennen, ersetzt aber keineswegs den persönlichen Zugang zur und das persönliche Leben nach der Bibel. Ich kann die Erfahrungen biblischer Autoren mit meinem Leben in Verbindung bringen, entweder indem ich mich in ihnen wieder finde oder indem ich sie als Wegweiser für neue Erfahrungen nehme und so meinen Erfahrungshorizont zunehmend erweitere – *„Lebe, was du von der Bibel verstanden hast, und du wirst die Bibel besser verstehen“ (Roger SCHUTZ).* Denn so wichtig es für einen gelebten Glauben ist, von der persönlichen Lebenserfahrung auszugehen, so verhängnisvoll wäre es, dabei

stehen zu bleiben – wir können in 70, 80 oder 90 Jahren nicht mehr als ein Jahrtausend menschlicher Erfahrungen einholen, die in der Hl Schrift niedergelegt sind – wir können diese Erfahrungen aber als Einladung annehmen, unseren eigenen religiösen Erfahrungshorizont immer wieder zu erweitern.

Die klassische Form dieser **lectio divina, der Geistlichen Schriftlesung,** umfasst drei Schritte, ein vierter kann angeschlossen werden (was bereits S. 15 kurz vorgestellt wurde): 1. Ich werde still, mache mir die Gegenwart GOTTES bewusst und lese einen kleinen, zusammenhängenden Abschnitt aus der Bibel (lectio, d.h. Lesung) und versuche diesen Abschnitt, so gut ich kann, zu verstehen (die lectio wendet sich also an den Verstand). – 2. Ich nehme mir Zeit und überdenke ruhig, was GOTT mir persönlich mit diesen Versen sagen will (meditatio im engeren Sinn, auch ruminatio, Wiederkauen, genannt; die ruminatio wendet sich an das Gefühl). – 3. Ich versuche, über das, was ich gelesen und erwogen habe, mit GOTT ins Zwiegespräch zu kommen (oratio, d.h. Gebet), und überlege, was davon ich in meinem Leben praktisch umsetzen könnte (die oratio betrifft also auch den Willen). – 4. Wer sich noch tiefer von der Schrift verwandeln lassen möchte, hört auf, zu denken und zu wollen, wird einfach zu einer offenen Schale, in die der Schrifttext immer mehr einsinkt, um sich von GOTT verwandeln zu lassen (contemplatio – darauf gehen wir im Zusammenhang mit dem kontemplativen Gebet noch ausführlicher ein). Sie sind eingeladen, diese vier Schritte jeden Nachmittag zu üben und vielleicht auch später als abendliche Schriftlesung beizubehalten.

Natürlich können auch Gruppen die Geistliche Schriftlesung üben. Eine altbewährte Methode ist das **Chorgebet** in den (alten) Orden, in denen zu bestimmten Tageszeiten („Horen“) **Psalmen** gesungen oder rezitiert werden. Gerade Psalmen, die menschliche Grundanliegen wie Bitte und Dank, Lob und Klage in Liedform vor GOTT bringen, enthalten starke symbolische Sprachbilder, die vom Unbewussten des antiken Dichters in das Unbewusste des heutigen Beters dringen. Dieser direkte Weg vom Unbewussten zum Unbewussten wird dadurch erleichtert, dass beim Chorgebet zwar kurze Pausen nach Halbversen, aber keine längeren Nachdenkpausen gemacht werden, so dass das Gebet gleichmäßig dahinfließt.

Heute werden für die Bibelmeditation in Gruppen verschiedene Methoden des **Bibel-Teilens** angeboten. Ich möchte sie hier nicht besprechen, weil ich Ihnen empfehle, bei der einfachen Einteilung, die ich für jeden Nachmittag vorschlage, zu bleiben und sie auch für daheim beizubehalten. Wenn Sie in Bibelrunden, auf Einkehrtagen u.ä. zusätzlich mit anderen Methoden arbeiten, ist das selbstverständlich in Ordnung. Am einfachsten ist es sicher, nach dem Lesen der Bibelstelle mit sich selbst (wenn man allein Exerzitien macht) oder mit anderen (bei Gruppenveranstaltungen) ins Gespräch zu kommen über drei Fragen: 1. Was habe ich nicht verstanden? (dazu wäre es gut, wenn wenigstens einer / eine in der Gruppe ein wenig über Bibelkenntnisse verfügen würde – hier wird dies durch eine kurze Erklärung beim Schritt 1 ersetzt; für daheim sollten Sie sich eine kommentierte Bibelausgabe oder einen einfachen Bibelkommentar leisten) – 2. Was betrifft mich besonders? - 3. Was kann ich in meinem Leben praktisch umsetzen? – Ich persönlich bevorzuge diese Methode nicht nur deshalb, weil sie besonders einfach ist, sondern auch, weil sie dieselben drei Schritte aufweist wie die klassische lectio divina: wenn man diese drei Schritte immer wieder allein und in Gruppen übt, werden sie zur Selbstverständlichkeit, über die man nicht mehr nachdenken muss. Und wie man der Geistlichen Schriftlesung als vierten Schritt die comtemplatio anfügen kann und soll, so kann man auch in der Gruppe mit einer zunächst kürzeren, späteren längeren Stille enden. Dabei empfiehlt es, zumindest beim ersten Mal der Gruppe zu erklären, dass sie während dieser Stille nicht bewusst über das Gehörte / Besprochene nachdenken soll, sondern möglichst ohne eigene Aktivität dieses Gehörte / Besprochene in sich einsinken lassen soll – so bekommt es die stärkste Wandlungskraft. Zur Verdeutlichung ein Beispiel:

JESUS im Haus des Zöllners ZACHÄUS (Lk 19,1-10)
(19,1) Dann kam Er nach Jericho und ging durch die Stadt. (19,2) Dort wohnte ein Mann namens ZACHÄUS; er war der oberste Zollpächter und war sehr reich. (19,3) Er wollte gern sehen, wer dieser JESUS sei, doch die Menschenmenge versperrte ihm die Sicht; denn er war klein. (19,4)Darum lief er voraus und stieg auf einen Maulbeerfeigenbaum, um JESUS zu sehen, der dort vorbeikommen musste. (19,5) Als JESUS an die Stelle kam, schaute er hinauf und sagte zu ihm: ZACHÄUS, komm schnell herunter! Denn ich muss heute in deinem Haus zu Gast sein. (19,6) Da stieg er schnell herunter und nahm JESUS freudig bei sich auf. (19,7) Als die Leute das sahen, empörten sie sich und sagten: Er ist bei einem Sünder eingekehrt. (19,8) ZACHÄUS aber wandte sich an den Herrn und sagte: Herr, die Hälfte meines Vermögens will ich den Armen geben, und wenn ich von jemand zu viel gefordert habe, gebe ich ihm das Vierfache zurück. (19,9) Da sagte JESUS zu ihm: Heute ist diesem Haus das Heil geschenkt worden, weil auch dieser Mann ein Sohn ABRAHAMs ist. (19,10) Denn der Menschensohn ist gekommen, um zu suchen und zu retten, was verloren ist.

Der erste Schritt wendet sich an den Verstand: Was verstehe ich nicht? Für den, der die Bibel allein liest, ist, wie bereits erwähnt, eine kommentierte Bibelausgabe oder ein Bibelkommentar hilfreich, bei einer Bibelgruppe sollte zumindest einer / eine über gewisse Bibelkenntnisse verfügen. Für das Verständnis dieser Stelle ist es wichtig zu wissen:
Zöllner pachteten von den Römern das Recht der Steuereintreibung, wobei sie einen bestimmten Betrag für sich aufschlagen durften; weil sie meist mehr aufschlugen, als erlaubt war, und mit der Besatzungsmacht zusammenarbeiteten, waren sie als „Sünder" verachtet. - ZACHÄUS bedeutet „der Reine" – der Name nimmt also das Ergebnis der Geschichte symbolisch vorweg. - Die Erzählung ist ein Beispiel für JESU barmherzigen Umgang mit Außenseitern – ein besonders Anliegen des LUKAS.
Der zweite Schritt will den Text mit unserem Gefühl in Berührung bringen: Was berührt mich? – Mich berührt, dass JESUS hier und an vielen ähnlichen Stellen einen schuldig gewordenen Menschen vorbehaltlos annimmt und ihn gerade dadurch zum Positiven wandelt. Da ich sehr lange im pädagogischen Bereich tätig war und z.T. noch bin, habe ich es selbst oft genug erlebt: Moralpauken bessern nicht, sondern schrecken ab – was wirklich das Gute, das in jedem Menschen vorhanden ist, hervorlockt, ist die liebevolle Annahme des anderen. Nichts verwandelt Menschen so sehr wie Liebe.
Der dritte Schritt wendet sich an unserem Willen: Was kann ich konkret in meinem Leben tun? Hier sehe ich zwei Möglichkeiten: zunächst muss ich lernen, die Zuwendung anderer anzunehmen – auch und gerade in einer Zeit, in der es als „Stärke" gilt, sich nichts schenken zu lassen – erst dadurch werde ich selbst allmählich ein heiler Mensch. Und ich muss versuchen, andere anzunehmen, was mir natürlich umso besser gelingt, je mehr ich mich selbst annehmen kann. Denn wenn wir uns ehrlich anschauen, stört uns zu einem großen Teil an anderen das, was wir an uns selbst nicht annehmen können – in der Psychologie spricht man von einer „Projektion des eigenen Schattens" auf andere. JESUS, der vollkommen harmonische Mensch, konnte alle annehmen – wir selbst können uns darum wenigstens bruchstückhaft bemühen.
Der vierte Schritt ist das Stillwerden, um den Text in sich einsinken zu lassen – über Kontemplation sprechen wir im nächsten Abschnitt ausführlicher.

Außer Bibelstellen können auch andere religiöse Texte, Musikstücke und Bilder meditiert werden, auch eigene **Probleme**, um sie gleichsam von GOTT heilen zu lassen. Gerade eine solche Problemmeditation kann uns helfen, dass nicht mehr die Probleme uns, sondern wir die Probleme haben. Diese

Form der Meditation wird auch im nichtreligiösen Bereich in verschiedenen Formen der Psychotherapie verwendet – man nennt sie Dysidentifikation: ich **bin** nicht meine Trauer, meine Wut, meine Verletzung..., sondern ich **habe** bloß Trauer, Wut, Verletzung.
Eine große Hilfe zur Sammlung, ja, zum Lösen körperlicher Verspannungen und Schmerzen, können **Körpermeditationen** sein. Auf jeden Fall lernt man durch solche Übungen, im eigenen Körper mehr zu Hause zu sein - der Körper verwandelt sich vom Fremdkörper zur ureigensten Behausung. Hier gibt es zahlreiche Möglichkeiten: Eutonie, Energieübungen, meditativen Tanz, Wallfahrten, Ikonenmalen – besonders die beiden letztgenannten Möglichkeiten haben sich schon lange als hilfreich bewährt und werden, nachdem sie längere Zeit als Folge der zweckrationalen Aufklärung verdrängt waren, gerade heute wiederentdeckt.

2.1.2 Die Weiterführung der Meditation: Traum und Vision

Dass es ein **Unbewusstes** gibt, ist heute kaum mehr umstritten, wohl aber, wie es zu deuten ist. **FREUD** meinte, das Unbewusste sei nur **Brücke zur Natur (Es)** und **Brücke zur Gesellschaft (Über-Ich),** für einen Transzendenzbereich, d.h. für einen die materielle Welt übersteigenden Bereich, ist kein Raum; das Symbol wird so auf ein Krankheitssymptom reduziert, das Über-Ich wird mit dem Gewissen gleichgesetzt und Träume können daher nur Botschaften des Es oder Über-Ich enthalten, nicht aber Botschaften GOTTES. Eine positivere Sichtweise des Unbewussten hingegen bietet **V. FRANKL** (besonders in: Der unbewusste GOTT, 1992 [7]). Er stellte sein psychologisches Modell scherzhaft als „**Höhenpsychologie**" der „Tiefenpsychologie" gegenüber und verstand das Unbewusste nicht nur als Brücke zur Natur und zur Gesellschaft, sondern ausdrücklich auch als Brücke zu **GOTT**; damit ist auch die religiös wichtige Trennung von Über-Ich und Gewissen gegeben - vereinfacht: das Über-Ich als Stimme der Gesellschaft, das Gewissen als Stimme GOTTES. Und damit wird auch eine religiöse Deutung von Träumen und das Akzeptieren der Möglichkeit echter Visionen möglich.
Wenn wir auf unsere Träume achten, merken wir, dass FREUD zwar einerseits richtig erkannte, dass in ihnen vielfach unbewältigte Triebwünsche (Es) oder Rollenansprüche (Über-Ich), symbolisch verschlüsselt, hochkommen. Aber es gibt auch besondere Träume, die meist wesentlich klarer sind und die auf **Lebensfragen** antworten, oft mit deutlich religiöser Akzentuierung. FRANKL lieferte dazu die theoretische Erklärung – eben dass das Unbewusste auch eine Brücke GOTT sei. Dadurch wird klar, dass die

zahlreichen biblischen Träume (etwa JAKOB: Gen 28,10-22; JOSEPH: Gen 37, 5-11; 40,9-41,36; JOSEPH, der Bräutigam MARIAS: Mt 1,20-23; 2,13-15; PAULUS: Apg 16,9-10) immer eine Führung durch GOTT darstellen. Und deshalb ist auch die Abgrenzung Nachttraum / Tagtraum (sofern er spontan auftritt und nicht eine willkürliche Träumerei darstellt) / **Vision** kaum möglich: hier bekommt der Mensch etwas zu sehen (und meist auch zu hören), was sein Leben unmittelbar betrifft. Dabei ist wichtig:
Einerseits, dass der Mensch sich gegenüber visionärem Traum / Vision **passiv** verhält. So kann GOTT zur Sprache kommen und nicht das menschliche Ich. Daher sind Träume / Visionen die vom Menschen nicht-machbare **Fortführung der Meditation**: in der Meditation erwägen wir ganzheitliche Bilder, in Traum / Vision werden uns solche Symbole als Weg-weiser für unser persönliches Leben. - Andererseits, dass die Traumbotschaft **symbolisch verschlüsselt** ist, und zwar auch und gerade in visionären Träumen, weil Überirdisches auf irdischer Ebene nicht anders ausdrückbar ist. Diese symbolische Verschlüsselung muss aber letztlich immer individuell entschlüsselt werden, weil die Träume / Visionen ja auf meine konkrete Lebensgeschichte antworten – populäre „Traumbücher“, wie sie heute in esoterischen Bücherläden reichlich angeboten werden, helfen hier wenig weiter.

2.1.3 Vorübung zur Kontemplation

Nehmen Sie die aufrechte Sitzhaltung ein, für die Sie sich entschieden haben, und stellen Sie Ihre Uhr.
Achten Sie auf den Atem, wie er kommt und geht. Stören Sie überflüssige Gedanken, zählen Sie die Atemzüge – den Einatem kürzer mit „und“, den Ausatem länger mit „eins, zwei, ...“, vermeiden Sie aber zu hohe Zahlen, d.h. fangen Sie bei zehn von vorne an. Wenn Sie in einen ruhigen, gedankenfreien Zustand hineinkommen, halten Sie nicht krampfhaft am Zählen fest; wenn nicht, scheuen Sie sich nicht, eine ganze Sitzperiode durchzuzählen. Auch Menschen, die das Leerwerden schon lange üben, sind manchmal von Problemen so belagert, dass sie diese Methode wieder anwenden.

Sie sollten am Vormittag mindestens zwei Mal kontemplativ beten. Vergessen Sie nicht, einen Spaziergang einzuplanen und die Natur wahrzunehmen.

2.2 Nachmittag: Meditation zu Gen 3

Der Mensch vertreibt sich selbst aus dem Paradies (Gen 3,1-24)

(3,1) Die Schlange war schlauer als alle Tiere des Feldes, die Gott, der Herr, gemacht hatte. Sie sagte zu der Frau: Hat Gott wirklich gesagt: Ihr dürft von keinem Baum des Gartens essen? (3,2) Die Frau entgegnete der Schlange: Von den Früchten der Bäume im Garten dürfen wir essen; (3,3) nur von den Früchten des Baumes, der in der Mitte des Gartens steht, hat Gott gesagt: Davon dürft ihr nicht essen, und daran dürft ihr nicht rühren, sonst werdet ihr sterben. (3,4) Darauf sagte die Schlange zur Frau: Nein, ihr werdet nicht sterben. (3,5) Gott weiß vielmehr: Sobald ihr davon esst, gehen euch die Augen auf; ihr werdet wie Gott und erkennt Gut und Böse. (3,6) Da sah die Frau, dass es köstlich wäre, von dem Baum zu essen, dass der Baum eine Augenweide war und dazu verlockte, klug zu werden. Sie nahm von seinen Früchten und aß; sie gab auch ihrem Mann, der bei ihr war, und auch er aß. (3,7) Da gingen beiden die Augen auf, und sie erkannten, dass sie nackt waren. Sie hefteten Feigenblätter zusammen und machten sich einen Schurz.
Die Frau wird schuldig, weil ein äußerer Anlass und ein innerer Grund zusammenkommen. Die Schlange symbolisiert die Versuchung durch äußere Umstände - sie ist auch ein Geschöpf GOTTES, die Frage, wieso sie böse ist, wird nicht gestellt; klar ist nur, dass die Bibel das Böse nicht auf GOTT zurückführt, sondern auf böse gewordene Geschöpfe. Der innere Grund ist, *wie GOTT sein zu wollen,* d.h. sein Lebensglück selbst in die Hand nehmen zu wollen, weil man GOTT letztlich doch nicht traut, dass Er es gut mit uns meint. Und dem Mann ergeht es ebenso.
Mit dem Misstrauen gegen GOTT zerbrechen die heilen Beziehungen – zunächst die innigste, die zwischen Mann und Frau. Sie schämen sich voreinander, weil sie einander fremd geworden sie - das harmonische Miteinander von Mann und Frau wird durch das kalte Nebeneinander zweier Singles abgelöst.

(3,8) Als sie Gott, den Herrn, im Garten gegen den Tagwind einherschreiten hörten, versteckten sich Adam und seine Frau vor Gott, dem Herrn, unter den Bäumen des Gartens. (3,9) Gott, der Herr, rief Adam zu und sprach: Wo bist du? (3,10) Er antwortete: Ich habe dich im Garten kommen hören; da geriet ich in Furcht, weil ich nackt bin, und versteckte mich. (3,11) Darauf fragte er: Wer hat dir gesagt, dass du nackt bist? Hast du von dem Baum gegessen, von dem zu essen ich dir verboten habe? (3,12) Adam antwortete: Die Frau, die du mir beigesellt hast, sie hat mir von dem Baum

gegeben, und so habe ich gegessen. (3,13) Gott, der Herr, sprach zu der Frau: Was hast du da getan? Die Frau antwortete: Die Schlange hat mich verführt, und so habe ich gegessen.

Das Misstrauen gegen GOTT zerstört selbstverständlich auch die heile GOTTESbeziehung – **Misstrauen und Furcht** hat Vertrauen und Liebe abgelöst. Und die Menschen schaffen es nicht einmal, zu ihrem Fehler zu stehen – der Mann schiebt sein Versagen auf die Frau, die Frau auf die Schlange.

(3,14) Da sprach Gott, der Herr, zur Schlange: Weil du das getan hast, bist du verflucht unter allem Vieh und allen Tieren des Feldes. Auf dem Bauch sollst du kriechen und Staub fressen alle Tage deines Lebens. (3,15) Feindschaft setze ich zwischen dich und die Frau, zwischen deinen Nachwuchs und ihren Nachwuchs. Er trifft dich am Kopf, und du triffst ihn an der Ferse.(3,16) Zur Frau sprach er: Viel Mühsal bereite ich dir, sooft du schwanger wirst. Unter Schmerzen gebierst du Kinder. Du hast Verlangen nach deinem Mann; er aber wird über dich herrschen.(3,17) Zu Adam sprach er: Weil du auf deine Frau gehört und von dem Baum gegessen hast, von dem zu essen ich dir verboten hatte: So ist verflucht der Ackerboden deinetwegen. Unter Mühsal wirst du von ihm essen alle Tage deines Lebens. (3,18) Dornen und Disteln lässt er dir wachsen, und die Pflanzen des Feldes musst du essen. (3,19) Im Schweiße deines Angesichts sollst du dein Brot essen, bis du zurückkehrst zum Ackerboden; von ihm bist du ja genommen. Denn Staub bist du, zum Staub musst du zurück....

Hier wird deutlich, dass nicht ein „Richtergott“ von außen über die beiden eine Strafe verhängt – leider manchmal noch immer so gedeutet - , sondern diese Strafe ist einfach die Konsequenz ihres Handelns: ihr Misstrauen hat die heilen Beziehungen zu GOTT und zueinander zerbrochen, dadurch wird ihre Lebensaufgabe und ihre Arbeit zur Last.

(3,22) Dann sprach GOTT, der HERR: Seht, der Mensch ist geworden wie wir; er erkennt Gut und Böse. Dass er jetzt nur nicht die Hand ausstreckt, auch vom Baum des Lebens nimmt , davon isst und ewig lebt! (3,23) Gott, der Herr, schickte ihn aus dem Garten von Eden weg, damit er den Ackerboden bestellte, von dem er genommen war. (3,24) Er vertrieb den Menschen und stellte östlich des Gartens von Eden die Kerubim auf und das lodernde Flammenschwert, damit sie den Weg zum Baum des Lebens bewachten.

Zunächst klingt dieser Satz so, als ob der Mensch mit seinem Misstrauen Recht gehabt hätte: dass GOTT ihm etwas vorenthalten will. Und daher ist gerade dieser Satz immer wieder recht unterschiedlich verstanden worden. Ich möchte folgende Interpretation vorschlagen: Erkennen und Leben können nur durch den Bezug zu GOTT gelingen – im biblischen Bild: sich vom Baum des Erkennens und des Lebens von GOTT beschenken lassen. Wer ohne Bezug zu GOTT, zur ewigen Wahrheit, erkennen will, gerät in die Gefahr, auch falsch zu denken und zu handeln und „schafft" damit erst das Böse. Und wie würde ein vom Menschen „geschaffenes" ewiges Leben aussehen? Es wäre ein end- und sinnloses Dahinvegetieren unter Raum- und Zeitbedingungen. Es ist erschreckend, dass gerade heute in den USA Wissenschaftler an diesem Albtraum arbeiten. Denn auch wenn wir den Tod als furchtbaren Abbruch unserer innerweltlichen Beziehungen erleben – ein endloses Leben auf Erden würde, ganz abgesehen von der Problematik des Alterns, dem Leben seine Aufgabenhaftigkeit und damit Sinnhaftigkeit nehmen. Jede Aufgabe hat einen Zeitbezug – hätte ich Millionen, ja, Milliarden von Jahren Zeit, um dies oder jenes zu tun, würde ich nichts mehr tun und in Langeweile versinken. Nur ein ewiges Leben jenseits von Raum, Zeit und Materie verdient diesen Namen – Ewigkeit ist eben nicht eine unendliche Zeitdauer, sondern Befreiung von der Zeit - , und ein solches ewiges Leben kann nur GOTT schenken. Das wusste übrigens schon die griechische Mythologie – es gibt zu diesem Thema eine reizende und zugleich tiefsinnige Legende: Die Göttin der Morgenrote AURORA verliebt sich in einen sterblichen Mann und erbittet von ihrem Vater, dem Götterkönig ZEUS, für diesen Mann ewiges Leben, um ihn heiraten zu können. Leider vergisst sie, auch um ewige Jugend zu bitten – so beginnt der Mann zu altern und schließlich zu vertrocknen, bis er nur mehr die Größe eines Heuschrecks hat. Glücklich sind beide dann nicht mehr.

Durch all das werden sie aus dem „Paradies" vertrieben und leben in der **Entfremdung** – ein Zustand, den wir nur zu gut aus unserer eigenen Erfahrung kennen. Dass Engel („Kerubim") das Paradies „bewachen", könnte andeuten, dass wir Menschen aus eigener Kraft nicht zurückkönnen. Hier soll auch auf ein Missverständnis hingewiesen werden, das in philosophischer Form auf HEGEL zurückgeht, aber sich in populärer Form stark ausgebreitet hat: dass der Mensch erst durch das Essen vom Baum der Erkenntnis zum Menschen geworden sei. Diese Interpretation scheint doch an der Aussageabsicht der Bibel vorbeizugehen: der Mensch wird dort eindeutig schon **vor** dem Essen von dem Baum als Mensch charakterisiert – ein Tier könnte ja ein Gebot GOTTES weder verstehen noch sich dafür oder dagegen entscheiden. Die Aussageabsicht der Schrift ist vielmehr: der von GOTT in heile Bezüge (Paradies) gestellte Mensch vertreibt sich daraus, weil er sein Leben aus Misstrauen gegen GOTT selbst in die Hand nehmen will (Essen vom Baum).

Durch die uns vertraute, aber nicht auf die Bibel, sondern erst auf AUGUSTINUS zurückgehende Erbsündenlehre wurde uns der Blick dafür verstellt, dass nicht **eine** Schuld erzählt wird, die sich „vererbt", sondern dass die Bibel **mehrere** Sündenfälle erzählt, die die Vielfalt der Möglichkeit des Schuldigwerdens ausdrücken sollen und die kunstvoll angeordnet sind: Auflehnung gegen GOTT (Gen 3) – Gewalttat gegen den Bruder (Gen 4) - Auflehnung gegen die Schöpfungsordnung und dadurch Zunahme der Gewalt unter den Menschen (Gen 6) – Auflehnung gegen GOTT mithilfe der Technik (Gen 11).

Gerade die ersten Kapitel der Hl Schrift werden leider immer wieder als „Urgeschichte" im historischen Sinn missverstanden, also als Report über längst vergangene Zeiten. Aber sie wollen kein Bericht über etwas sein, was längst vergangen ist und uns daher nichts mehr angeht, sondern Bilder von den Grundlagen unseres Lebens: GOTT will das Heil des Menschen und stellt ihn daher in heile Bezüge – zu GOTT, zur personalen Mitwelt, zur apersonalen Umwelt und zu sich selbst – Bild: Paradies. Der Mensch aber traut GOTT letztlich nicht und will sein Lebensglück selbst in die Hand nehmen – er zerstört dadurch die heilen Bezüge und vertreibt sich aus dem Paradies. Sobald der Mensch zum Gebrauch seiner Vernunft kommt, findet er sich in dieser Entfremdung – und sehnt sich zugleich nach dem verlorenen Paradies, das er aus eigener Kraft aber nicht erreichen kann, weil der Unheilszusammenhang, an dem die Menschen, seit es sie gibt, bauen und immer weiterbauen, ihn immer schon prägt und übermächtig ist – früher nannte man diesen Unheilszusammenhang „Erbsünde" oder „Sünde der Welt", heute besser „Ursünde" oder „strukturelle Sünde".
Die Bibel aber zeigt an unzähligen Bespielen, dass GOTT sich mit dieser Heillosigkeit der Welt nicht abfindet – Er lässt dem Menschen nicht das letzte Wort, sondern spricht es selbst immer wieder neu: schon in den ersten Kapiteln der Genesis wird nicht nur ein Sündenfall erzählt, sondern mehrere – KAIN tötet aus Missgunst seinen Bruder ABEL (Gen 4), die Gewalttätigkeit der Menschen nimmt zu (Gen 6), schließlich bedienen sich die Menschen der Technik, um *"wie GOTT zu sein*" (Gen 11, Turmbau zu Babel).

GOTTES Antwort: Er ruft ABRAHAM aus dem von falschen Religionsvorstellungen geprägten Mesopotamien heraus und beruft ihn zum Stammvater eines Volkes, in dem *„alle Völker der Erde gesegnet werden sollen“* (Gen 12). - Im 13.Jh. v. beruft GOTT MOSE und führt durch ihn die Prä-Israeliten aus dem *„Sklavenhaus Ägypten“* in die Freiheit (Ex), im 6.Jh. aus dem Babylonischen Exil. In der Zeit zwischen diesen beiden großen Aufbrüchen sorgt GOTT durch **Propheten** dafür, dass die Könige ihre politische Macht nicht missbrauchen. Dies könnte vielleicht auch als Modell für das Verhältnis von Staat und Kirche dienen.

Höhepunkt von GOTTES Heilshandeln ist aber Seine Menschwerdung in JESUS CHRISTUS: GOTT wird Mensch, damit die Menschen, ja, die ganze Schöpfung göttlich werde. Dadurch ist, was immer die Menschen taten und noch tun, ein gutes Ende der Schöpfung garantiert – was wir in der Bildrede am Ende der Offenbarung des JOHANNES hören, die uns noch beschäftigen wird. Und darauf beruht die Hoffnung von uns Christen – nicht nur für die Weltgeschichte, sondern auch ganz konkret für die eigene Lebensgeschichte: Die kluge Anordnung der biblischen Bücher – Paradies am Anfang, Überbietung des Paradieses am Ende - zeigt uns den **Traum GOTTES mit dem Menschen**, mit der Menschheit als ganzer und mit jedem einzelnen von uns. Wer diese Bilder auf sich wirken lässt, wird auch das eigene Leben als Weg in das verlorene Paradies verstehen lernen. Um diesen Rückweg praktisch umzusetzen, müssen wir uns daran gewöhnen, immer wieder innezuhalten und zu überlegen, wo wir gerade stehen, was in uns noch alles entfremdet ist. Gerade bei der Aufarbeitung unserer Lebensgeschichte und bei der Heilung und Integration von Verletzungen, die uns widerfahren sind, hilft es, alles Entfremdete und Unintegrierte im Gebet GOTT hinzuhalten mit der Bitte, es zu heilen.

Mit Ausnahme von Gen 11 wird also jede Schuld des Menschen von **GOTTES Fürsorge** umgriffen: ADAM und EVA erhalten Kleidung, KAIN ein Schutzzeichen, NOACH wird vor der Flut gerettet und nachher der Bogen als Versöhnungszeichen für Mensch und Tier in den Himmel gehängt. Dieser positive Aspekt der göttlichen Fürsorge fehlt bei Gen 11 deshalb, weil in Gen 12 ein wesentlich stärkeres Heilshandeln GOTTES einsetzt – die Berufung ABRAHAMs als Segen für **alle Völker.**

Versuchen Sie nun wieder die nächsten Schritte: Was berührt mich persönlich? Was kann ich lebenspraktisch umsetzen? Und schließlich: lassen

Sie all diese Überlegungen passiv in sich einsinken und sich von ihnen prägen.

3. Tag

3.1 Vormittag: Kontemplation

3.1.1 Erklärung: Was ist Kontemplation?

Eine klösterliche Anekdote erzählt: Ein junger Mönch bemüht sich übereifrig, hat aber das Gefühl, religiös nicht weiterzukommen. Er geht also zum Abt und fragt um Rat. Der Abt drückt im schweigend eine Teetasse in die Hand und beginnt Tee einzugießen - immer mehr, bis die Tasse übergeht und der heiße Tee dem armen jungen Mönch über die Finger rinnt. Schüchtern sagt der junge Mönch: Sehen Sie denn nicht, dass die Tasse bereits voll ist und nichts mehr hineingeht? Darauf antwortet der Abt: Siehst Du, ebenso verhält es sich mit Dir: Du bist voll von Deinen eigenen Gedanken, Wünschen und Plänen und willst doch, dass GOTT in Dir Platz findet.

Zunächst eine kurze Rückerinnerung: Alle „alten" (d.h. im Mittelalter gegründeten) Orden besaßen eine reiche Tradition ganzheitlichen Betens – eine Kombination von verbalen Gebeten, Meditation und Kontemplation mit bewusstem Einbezug des Körpers. In der Aufklärungszeit (18.Jh.) wurden diese Traditionen weitgehend verschüttet, viele beschauliche Orden aufgelöst: Es zählte nur das „Vernünftige", was oft mit vordergründig-pragmatischen Zweckrationalität verwechselt wurde – die Kirche und ihre Orden sollten Menschen zu braven, moralischen Bürgern erziehen und Kranken, Behinderten, Alten etc. helfen. Das ist natürlich durchaus gut, aber zu wenig – Religion ist mehr als Moral. Erst im 20.Jh. setzte ein Umdenken ein: Gerade weil der Mensch sich in der Meditation ganzheitlich besinnt und in der **Kontemplation** GOTT völlig ausliefert, gleichsam zur **offenen Schale** für GOTTES Wirken wird, kann GOTT in dieser Gebetsweise den Menschen am stärksten umgestalten. - Der Weg des kontemplativen Gebets, auf den ich Sie einladen möchte, ist aber schwer zu beschreiben, weil wir hier an die Grenze des sprachlich Aussagbaren kommen. Ferner besteht gerade hier die Gefahr, dass man meint, durch das Lesen von Büchern, in denen die

Erfahrungen anderer niedergelegt sind, bereits selbst diese Erfahrungen gemacht zu haben. Bücher, Vorträge, Exerzitien u.ä. sind aber nur nützliche Wegweiser für diesen Weg, **gehen** muss ihn jeder selbst.

Es gibt zumindest zwei gute Gründe, kontemplativ zu beten:
Der erste Grund ist ein eher (erkenntnis)**theoretischer**: da wir GOTT nicht als Inhalt neben anderen Inhalten denken können – GOTT ist unbegreiflich -, ist im inhaltslosen Gebet GOTT selbst „Gegenstand“. Kontemplation kann also auch mit GOTTESschau wiedergegeben werden.
Der zweite Grund ist ein **praktischer**: Jeder von uns hat schon die Erfahrung gemacht, dass gute Vorsätze nur eingeschränkt weiterhelfen. Das bedeutet keineswegs, dass sie halbherzig gefasst worden wären, sondern bestätigt die Annahme eines Unbewussten, das sich der Kontrolle durch unseren Verstand und Willen entzieht. Daher werden wir nur so weit, wie wir uns von GOTT verwandeln lassen, zu selbstloser GOTTES- und Nächstenliebe fähig – und das ist ein lebenslanger Prozess: *"Es ist ein gleichwertiger Austausch und ein gerechter Handel: So weit du ausgehst aus allen Dingen, so weit, nicht weniger und nicht mehr, geht GOTT ein mit all dem Seinen"* (ECKEHART, Reden der Unterweisung 4, zit. nach QUINT (Hg.) (1963), ECKEHART. Deutsche Predigten und Traktate, München, 57).

In der Kontemplation bemühen wir uns also, vor GOTT und für GOTT leer zu werden, was vor allem dem Ungeübten meist sehr schwer fällt. Hilfen dazu können sein:
Das Sprechen von Wiederholungsgebeten (**„Mantren“),** die in allen Hochreligionen bekannt sind – in der Katholischen Kirche ist am bekanntesten der **Rosenkranz**, in den Ostkirchen das **JESUSgebet** („HERR JESUS CHRISTUS, erbarme Dich meiner“ oder „HERR JESUS CHRISTUS, sei mir armen Sünder gnädig“).

Wir haben schon darüber gesprochen und praktische Vorübungen gemacht – wobei vieles, worum ich Sie in den ersten Tagen gebeten habe, erst jetzt genauer erklärt werden kann: Es ist wichtig, regelmäßig einfach still zu sitzen, möglichst im **Körperschwerpunkt**, was zu seelischer Harmonie und Festigkeit hilft, und ruhig, tief und natürlich **zu atmen.** Die schwierigste Anforderung des kontemplativen Gebets, das **Leerwerden,** soll aber noch weiter geklärt werden. Wenn wir nicht "Etwas" vor GOTT hintragen wollen - so die üblicheren Gebetsformen - , sondern GOTT selbst zum "Inhalt" des Gebets machen wollen, müssen wir in der Kontemplation alle Denkinhalte

fallen lassen. Da wir die Wirklichkeit nicht im Denken schaffen, sondern bloß eine vorgegebene Wirklichkeit nachdenken, müssen wir nicht fürchten, dass nach dem Fallenlassen aller Denkinhalte das totale Nichts übrigbleibt - es bleibt das **begriffliche Nichts**, das in Wahrheit **Alles** - also GOTT Selbst - ist. Wer so leer geworden ist, darf hoffen, dass GOTT ihn erfüllen und dadurch sukzessive in Sein Bild verwandeln wird - ECKEHART sagt auch, dass GOTT in ihm geboren wird, oder, dass GOTT mit ihm eins wird - eine Erfahrung, die man als Mystik (s.u.) bezeichnet.
Da wir aber nicht den ganzen Tag dem kontemplativen Gebet widmen können, müssen wir uns im Alltag um eine ergänzende Lebenshaltung bemühen – Exerzitien bieten die Möglichkeit, das einzuüben, damit wir es dann im Arbeitsalltag durchhalten können. Wir bemühen uns um **Einfachheit**, besonders, immer nur eine Tätigkeit, diese aber ganz und wach zu verrichten. Diese Einfachheit ist nicht nur eine religiös sinnvolle Hilfe, im „Jetzt“ GOTTES zu leben - *„Jetzt ist die Zeit der Gnade“ (2 Kor 6,2)* -, sondern bewahrt auch vor dem heute üblichen Stress – wer immer nur **eine** Tätigkeit verrichtet, kann nicht gestresst sein. Diese Einfachheit ist daher allen spirituell Interessierten zu empfehlen, auch denen, die das kontemplative Gebet (noch) nicht üben. Und die Wachheit wurde von JESUS besonders in Seinen Endzeitgleichnissen immer wieder eingefordert – erst in späterer Zeit wurde Verträumtheit mit Spiritualität verwechselt. Doch eine Gebetsart, die zur Weltflucht verleitet statt zur Bewährung in der Welt und ihren konkreten Anforderungen, ist gefährlich – GOTT spricht ja gerade durch die Realität und ihre konkreten, nicht immer angenehmen Anforderungen zu uns! Für den Anfänger ist es sicher leichter, diese Wachheit und Einfachheit zunächst bei einer so einfachen Tätigkeit wie dem Spazierengehen in der Natur zu üben; sobald einem diese Haltung zur Gewohnheit geworden ist, schafft man es auch im Arbeitsalltag, selbst wenn man beruflich und familiär stark gefordert ist.

*TOLSTOI hat dies in einem Statement einprägsam formuliert: Der wichtigste Augenblick in meinem Leben ist das **Jetzt**; der wichtigste Mensch in meinem Leben ist der, mit dem ich **jetzt** zu tun habe; die wichtigste Tätigkeit in meinem Leben ist die, die ich **jetzt** verrichte.*

Wie die Meditation durch Träume / Visionen weitergeführt werden kann, so die Kontemplation durch **mystische Erfahrungen.** Hier besteht also eine Parallele: jeder kann sich entscheiden, ob er Meditation und / oder Kontemplation übt – niemand aber kann durch persönliche „Leistung“

verdienen, durch Visionen und / oder mystische Erfahrungen weitergeführt zu werden – das ist eine **Gnadengeschenk GOTTES,** und wir dürfen vertrauen, dass Er es zur rechten Zeit schenkt, d.h., wenn ein Mensch dazu reif geworden ist. Für einen spirituellen Weg im allgemeinen und den kontemplativen Weg im besonderen ist es sehr wichtig, sich nicht mit anderen zu vergleichen – ich muss **meinen** Weg gehen, nicht den eines anderen, und vertrauen, dass GOTT mir auf diesem Weg gerade die Gnaden schenkt, die **ich** brauche.

Der Name **Mystik** kommt vom griechischen **mýein**, d.h. Augen und Mund verschließen, weil man GOTTESerfahrungen leichter ohne Ablenkung durch die sich aufdrängenden Sinneswahrnehmungen machen und, wenn man sie gemacht hat, nicht adäquat mitteilen kann. Der Übergang von der Kontemplation zur Mystik dauert meist viele Jahre, wobei zuerst die Liebe zu den Geschöpfen, dann die Liebe zu GOTT geläutert wird – diese Verwandlung ist immer schmerzlich („mystische Nacht“). Denn damit meine falschen Anhänglichkeiten umgestellt werden können, muss mir vieles genommen werden, letztlich meine Ich-Bindung, um für eine echte GOTTES-Bindung frei zu werden. Ein so umgewandelter Mensch kann in einem plötzlichen Erlebnis („Erleuchtung“) oder in einer langsam wachsenden Grundhaltung die Einheit mit GOTT und daher mit allen Geschöpfen erfahren – **kann**, weil GOTT dies schenkt, **erfahren**, weil es nicht um theoretisches Wissen geht. Diese Erfahrung ist - im Gegensatz zur Vision - bild- und begrifflos und kann daher sprachlich nicht zureichend ausgedrückt werden (was wohl die Unterschiede der begrifflichen Beschreibungsversuche erklärt). Doch sie prägt den Menschen nachhaltig im Sinne eines geistlichen Heilungsprozesses, seine Beziehung zu GOTT, zu all Seinen Geschöpfen und last not least zu sich selbst ist positiv verwandelt worden - der Mensch ist gleichsam in das verlorene Paradies zurückgekehrt. Dieser spirituelle Weg soll nun etwas ausführlicher beschrieben werden, so weit dies möglich ist – wirklich verstehen kann ihn nur der, der ihn geht.

3.1.2 Übung der Kontemplation

Nehmen Sie die aufrechte Sitzhaltung ein, für die Sie sich entschieden haben, und stellen Sie Ihre Uhr. Achten Sie wieder auf ihren Atem. Sie haben heute von Mantren als Hilfe zum Hineinwachsen in das kontemplative Beten gehört. Versuchen Sie nun während beider Sitzungen, Ihren Atem mit dem Namen JESUS zu korrelieren. Es gibt hier verschiedene Möglichkeiten, ich bevorzuge bei „JESUS“ auszuatmen und bei „HERR“ einzuatmen, weil dadurch der Einatmen automatisch kürzer wird als der Ausatmen.

Setzen Sie diese Übung beim Spazierengehen fort: auch hier können Sie bei „JESUS“ ausatmen und bei „HERR“ einatmen. Für einen ruhigen Spaziergang in der Natur wird dieses einfache Mantra reichen, um sie vor überflüssigen Gedanken zu bewahren. Im Arbeitsalltag und im Großstadtlärm können Sie stattdessen auch den Rosenkranz beten. Bedenken Sie aber, dass diese Gebete nicht nur die Funktion haben, überflüssige Gedanken zu vertreiben – das könnten Sie auch mit dem Zählen des Atems erreichen -, sondern dass Sie sich durch die häufige Wiederholung dieser Inhalte religiös prägen lassen.

3.2 Nachmittag: Meditation zur Berufung und Versuchung JESU

GOTT hat uns in einem Paradies geplant und, nachdem wir uns selbst aus diesem Paradies vertrieben haben, eine Geschichte unserer Rückholung in das verlassene Paradies begonnen – mit dem vorläufigen Höhepunkt Seiner leibhaftigen Bindung an die Schöpfung in JESUS CHRISTUS, mit dem endgültigen Höhepunkt in der Zusage der Vollendung der gesamten Schöpfung (am klarsten zusammengefasst in Röm 8, 18-30 und in Offb 21,1-6).

Ich möchte heute und in den nächsten Tagen auf den bisherigen Höhepunkt der Heilsgeschichte GOTTES mit den Menschen eingehen, JESUS CHRISTUS, und auf die sich daraus ergebenden Konsequenzen für unser Kirche-Sein heute. Zunächst das Berufungserlebnis JESU, zu dem m.E. notwendig seine Versuchung gehört.

3.2.1 Taufe JESU (Mt 3,13-17)

(3,13) Zu dieser Zeit kam JESUS von Galiläa an den Jordan zu JOHANNES, um sich von ihm taufen zu lassen. (3,14) JOHANNES aber wollte es nicht zulassen und sagte zu ihm: Ich müsste von dir getauft werden, und du kommst zu mir? (3,15) JESUS antwortete ihm: Lass es nur zu! Denn nur so können wir die Gerechtigkeit (die Gott fordert) ganz erfüllen. Da gab JOHANNES nach. (3,16) Kaum war JESUS getauft und aus dem Wasser gestiegen, da öffnete sich der Himmel, und Er sah den GEIST GOTTES wie

eine Taube auf Sich herabkommen. (3,17) Und eine Stimme aus dem Himmel sprach: Das ist mein geliebter SOHN, an dem ich Gefallen gefunden habe.

In der Situationsschilderung erfahren wir, dass JESUS, bis dahin Handwerker, an JOHANNES den Täufer mit der Bitte herantritt, Ihn zu taufen. Da es offenbar für die Urgemeinde anstößig war, dass JESUS Sich einer Schuldvergebungstaufe unterzieht, wird dem JOHANNES dem Täufer eine bescheidene Ablehnung in den Mund gelegt, die JESUS mit dem Hinweis auf GOTTES *gerechtes Walten* zerstreut. Die deutsche Übersetzung geht hier an der Aussageabsicht des Evangelisten vorbei: es geht nicht darum, dass GOTT von uns irgendwelche gerechten Taten fordert, sondern darum, dass wir uns auf GOTTES gerechtes oder besser: gerechtmachendes Wirken einlassen – so nämlich müsste man den griechischen Originaltext übersetzen.
In diesen beiden Versen (V. 16 f.) wird deutlich, dass die Taufe JESU Sein **Berufungserlebnis** ist. JESUS fühlte sicher immer Seine innige Verbindung mit dem VATER, die Präsenz GOTTES in Sich, aber ausdrücklich bewusst wurde auch Ihm Seine konkrete Lebensaufgabe erst **sukzessive** (*„JESUS wuchs heran und Seine Weisheit nahm zu.." Lk 2,52)* . Da Er auch wahrer Mensch war, spielten auch bei Ihm psychologische Momente eine Rolle: die apokalyptische Aufbruchsstimmung der Menschen, die zu JOHANNES dem Täufer an den Jordan gingen, und das Untertauchen (Todeserlebnis) und Auftauchen (Auferstehungserlebnis als neuer Mensch) förderten sicher die Erleuchtung: Ich bin des VATERs geliebter SOHN, ich bin der von GOTTES GEIST Gesalbte, ich bin der, der die „Sünde der Welt", d.h. die Ab-sonderung der Welt von GOTT, aufhebt (Bild: Himmelsöffnung). Diese Erkenntnis leuchtet Ihm auf durch das Erfülltwerden mit dem Hl GEIST – schon Jes 11 wurde der MESSIAS als GEISTträger charakterisiert. Die Taube ist vielleicht ein für uns nicht mehr so ansprechendes Bild, damals war die Taube Symbol der Sanftmut, Zärtlichkeit und Liebe, ein verständliches Gegenbild gegen Adler und anderen Raubtiere, die irdische Könige und Adelige gern in ihren Wappen trugen und tragen. Diese Taube kann schon als erster Hinweis dafür gelten, dass JESUS nicht zu einem irdischen König, sondern zu einem Liebes- und dadurch Kreuzesmessias gesalbt wird.

3.2.2 Versuchung JESU (Mt 4,1-11):

(4,1) Dann wurde JESUS vom GEIST in die Wüste geführt; dort sollte Er vom Teufel in Versuchung geführt werden. 4,2) Als Er vierzig Tage und

vierzig Nächte gefastet hatte, bekam Er Hunger. (4,3) Da trat der Versucher an Ihn heran und sagte: Wenn du Gottes Sohn bist, so befiehl, dass aus diesen Steinen Brot wird. (4) Er aber antwortete: In der Schrift heißt es: Der Mensch lebt nicht nur von Brot, sondern von jedem Wort, das aus GOTTES Mund kommt. (4,5) Darauf nahm Ihn der Teufel mit sich in die Heilige Stadt, stellte Ihn oben auf den Tempel (4,6) und sagte zu Ihm: Wenn du Gottes Sohn bist, so stürz dich hinab; denn es heißt in der Schrift: Seinen Engeln befiehlt er, dich auf ihren Händen zu tragen, damit dein Fuß nicht an einen Stein stößt. (4,7) JESUS antwortete ihm: In der Schrift heißt es auch: Du sollst den HERRN, deinen GOTT, nicht auf die Probe stellen. (4,8) Wieder nahm Ihn der Teufel mit sich und führte Ihn auf einen sehr hohen Berg; er zeigte Ihm alle Reiche der Welt mit ihrer Pracht (4,9) und sagte zu Ihm: Das alles will ich dir geben, wenn du dich vor mir niederwirfst und mich anbetest. (4,10) Da sagte JESUS zu ihm: Weg mit dir, Satan! Denn in der Schrift steht: Vor dem HERRN, deinem GOTT, sollst du dich niederwerfen und Ihm allein dienen. (4,11) Darauf ließ der Teufel von Ihm ab, und es kamen Engel und dienten Ihm.

Jeder, der ein tiefgreifendes religiöses Erlebnis hat, braucht Zeit, dieses zu **verarbeiten** – JESUS geht daher in die Einsamkeit der Wüste, dann erst beginnt Er Sein öffentliches Wirken. Er hat Sich in der Taufe zum MESSIAS berufen erfahren – in der Wüste wird Er gerade in Seiner Berufung versucht – ein MESSIAS nach dem Geschmack der Menschen statt nach dem Willen des VATERs zu werden. Wer bereit ist, „Brot und Spiele" zu bieten und mit dem Bösen zu paktieren, hat Chance auf weltliche Macht – damals wie heute. Das wird auch in alten Mythen ausgerückt, z.B. in WAGNERs „Ring der Nibelungen", wo den Ring, der Weltherrschaft verleiht, nur der bekommt, der der Liebe entsagt. Auch JESUS brauchte Zeit, den Willen des VATERs zu erkennen und anzuerkennen, ein **Liebesmessias** zu werden, der letztlich zugleich ein Kreuzesmessias ist – das zeigt das Ringen auf dem Ölberg oder die bereits zitierte starke Aussage des Hebräerbriefes: *(5,8) Obwohl er der Sohn war, hat er durch Leiden den Gehorsam gelernt; (5,9) zur Vollendung gelangt, ist er für alle, die ihm gehorchen, der Urheber des ewigen Heils geworden (5,10) und wurde von GOTT angeredet als «Hoherpriester nach der Ordnung MELCHISEDEKS».*

An der Nähe von Berufung und Versuchung JESU können wir ablesen, dass ein Mensch oft **gerade in dem Bereich** versucht wird, in dem seine Lebensaufgabe liegt. In der Bibel ist das stärkste Vorbild für das Annehmen der persönlichen Berufung JESUS: auch Ihm wurde Sein Lebensweg nur sukzessive bewusst, auch Er **lernte** das Sich-Einfügen in den Willen des VATERs (Versuchung – Ölberg – Kreuz) – es war auch für Ihn ein oft schmerzlicher Lernprozess.

Bitte, meditieren Sie wieder die Bedeutung von Berufung und Versuchung für Ihr Leben und die möglichen praktischen Konsequenzen, dann werden Sie im kontemplativen Gebet zur Schale für den Bibeltext, damit er Sie möglichst stark verwandeln kann. Versuchen, an die Meditation zwei kontemplative Gebetseinheiten anzuschließen und wieder spazierenzugehen; beim Spazierengehen sollten Sie eine der beiden Mantren beibehalten – bei den Exerzitien und später im Alltagsleben.

4. Tag

4.1 Vormittag: Die Heilung des „äußeren" Menschen

Erst wenn ein Mensch klar erkennt, dass er in einer unheilen Atmosphäre, in entfremdeten Beziehungen und an sein eigenes Ich gefesselt lebt, und sich ernsthaft entschließt, in „das verlorene Paradies" zurückzukehren, ist er reif für den spirituellen Weg – wobei er am Anfang meist nicht weiß, wie steinig und dornig dieser Weg streckenweise werden kann. Und das ist gut so – wer sich in GOTTES Hand gibt, darf zwar nicht ein leidfreies Leben erwarten, aber er darf vertrauen, dass ihm nicht mehr zugemutet wird, als er tragen kann. Die erste Phase dieses Weges ist daher die **Heilung** der falschen Bezüge zu GOTT, zu sich selbst, zum Mitmenschen und zur apersonalen Schöpfung – kurz: die Heilung von der Ich-Bindung - ein jahre-, meist sogar jahrzehntelanger Prozess, der auch als **Läuterung, Reinigung oder Loslassen** bezeichnet wird. Ich persönlich bevorzuge die Bezeichnung **Heilung**, weil Läuterung oder Reinigung als Engführung in Richtung Schuldvergebung missverstanden werden könnte, Loslassen aber zu einseitig unsere Aktivität betont und nicht bewusst macht, dass zur Aktivität des Loslassens die Passivität des Sich-Etwas-Nehmen-Lassens kommen muss, ja, dass diese den größeren Teil der Heilung ausmacht. Um zu verstehen, was mit Heilung gemeint ist und warum es eine Heilung des äußeren und inneren Menschen, also eine Heilung der Nächsten- und

Schöpfungs- und GOTTESliebe, geben muss, erinnern wir uns an einige Grundüberzeugungen christlichen Glaubens: Nur GOTT **ist,** alles, was nicht GOTT ist und dennoch existiert, ist **von Ihm** und **auf Ihn hin** geschaffen, wobei „geschaffen“ eine Teilhabe an GOTTES Sein meint; dadurch, dass diese Teilhabe abgestuft ist – Mensch, Tier, Pflanze, tote Materie - , entsteht eine Schöpfungs**ordnung**. Wir Menschen als vernünftige und freie Wesen können diese Grundgegebenheit unserer Existenz annehmen oder ablehnen. Lehnen wir sie ab – meist nicht aus Bosheit, sondern weil wir meinen, unser Lebensglück besser zu gestalten als GOTT, stellen wir unsere eigene Ordnung der Ordnung GOTTES, unsere Ich-Bindung der GOTTES-Bindung, unsere Eigenliebe der GOTTESliebe entgegen – und zwar nicht nur in Grundsatzentscheidungen, sondern immer dann, wenn wir unsere Interessen oder die eines Mitgeschöpfes über den Willen GOTTES stellen. Die Bibel drückt dies, wie wir bereits besprochen haben, in den schönen Legenden von Paradies und Vertreibung aus dem Paradies aus: GOTT stellt jeden Menschen in eine heile Ordnung hinein **(„Paradies“),** der Mensch wird aus diesem Paradies sowohl durch fremde Schuld (anderer Menschen, aber auch der Unheilsstrukturen dieser Welt) als auch durch eigene Schuld ausgesond-ert **(„Sünde“).**

Der von GOTT durch eigene und fremde Schuld abgesonderte Mensch ist an sich selbst gebunden, d.h. macht seine Triebe, Wünsche, Interessen, Vorstellungen zur Basis seiner Entscheidungen: er „liebt“ GOTT und die Geschöpfe nur so weit und in der Rangordnung, wie es zu **seinen** Interessen passt. Von dieser Basis her ist das Ideal der GOTTES- und Nächstenliebe nicht zu erfüllen, ja, nicht einmal richtig zu verstehen – es bleibt ein äußeres „Gesetz“ und wird nicht als die eigentliche Bestimmung unseres Lebens erkannt. Die Umwandlung von der falschen Selbstbestimmung zur echten Selbstbestimmung kann nur in einem längeren und meist schmerzlichen Prozess geschehen.

Obwohl logisch betrachtet die GOTTESliebe Fundament der Nächstenliebe bzw. der Liebe zur Schöpfung ist, erfolgt die Verwandlung des Menschen fast immer zunächst von der Nächstenliebe bzw. Schöpfungsliebe, also von seinen äußeren“ Bezügen, her – in der spirituellen Literatur bezeichnet als **Läuterung des äußeren Menschen:** Die Rangordnung der Liebe zu den Geschöpfen muss umgestellt werden von **meiner** Rangordnung zu der Rangordnung **GOTTES**. Sicher ist dazu hilfreich, meine Rangordnung zu überdenken und vielleicht bewusst manches loszulassen, wovon ich überzeugt bin, dass es der Rangordnung GOTTES nicht entspricht. Hier sind

Verhaltensweisen wie „Opfer“ und „Disziplin“ sinnvoll. Wie ein Diabetiker auf Süßigkeiten nicht um des Verzichts willen verzichtet, sondern um seiner Gesundheit willen, ist für unsere spirituelle Gesundheit, für ein Umstellen auf die Rangordnung GOTTES, sicher auch das Überdenken und Loslassen von falschen Anhänglichkeiten erforderlich. Diesen Teil der Läuterung hat man auch als „aktive Läuterung“ bezeichnet, weil man ja selbst etwas dazu beiträgt.

Wichtiger aber und um vieles schwerer ist es einzuwilligen, sich von GOTT etwas oder jemanden nehmen zu lassen. Denn für die Läuterung oder Heilung des äußeren Menschen ist als Durchgangsstadium, nicht als Endzweck, das Loslassen bzw. das Getrennt-Werden von Menschen und Dingen erforderlich, die uns auf unserem Weg zu GOTT hindern würden. Da wir letztlich nicht beurteilen können, wer oder was uns hindert, können wir in die kleinen und großen Verluste unseres Lebens „nur“ einwilligen. Aber wer schon große Verlusterfahrungen hinter sich hat, weiß, wie schwer uns dieses „Nur“ fällt. Könnten wir wie IJOB akzeptieren, nicht nur unseren materiellen Besitz, sondern auch unsere liebsten Menschen und unsere Gesundheit zu verlieren? Fragen wir uns gelegentlich, wo **wir** die Grenze ziehen würden – das abstrakte Loslassen („Ich überlasse alles GOTT“) erweist sich meist viel leichter als das konkrete, wenn uns wirklich etwas oder jemand genommen wird.

Ziel der Läuterung des äußeren Menschen ist freilich weder stoische Apathie noch kynische Misanthropie noch masochistische Askese, sondern die Verwandlung der Eigenliebe in **Nächsten- und Schöpfungsliebe**. Um von der Eigenliebe loszukommen, ist es nötig, das loszulassen, woran ich als Ich hänge. Es ist daher kein billiger Trost, sondern eine ernstzunehmende Verheißung, wenn JESUS jedem, der Familie, Freunde, Besitz um Seinetwillen lässt, das Hundertfache verheißt (Mk 10, 29 f. // Mt 19,29 // Lk 18, 29 f.): erst durch das Aufgeben der Ich-Bindung werde ich fähig, Menschen und Schöpfung **um ihrer selbst willen** zu lieben – und erst das verdient den Namen „Liebe“.

Ein Gedanke ECKEHARTs, den er im *Buch der göttlichen Tröstung* äußert, soll uns als Klammer zwischen der Heilung des äußeren und der des inneren Menschen dienen: *Kein Gefäß kann zweierlei Trank in sich fassen. Soll es Wein enthalten, so muss man notgedrungen das Wasser ausgießen; das Gefäß muss leer und ledig werden. Darum: sollst du göttliche Freude und GOTT aufnehmen, so musst du notwendig die Kreaturen ausgießen“* (Zit. nach QUINT (1963), ECKEHART, Deutsche Predigten und Traktate, München, 114).

Schließen Sie zwei kontemplative Einheiten und einen Spaziergang an. Wenn Sie schon ohne Mantra leer werden und bleiben können, bleiben Sie dabei, sonst üben Sie mit der Korrelation des Namens JESU mit dem Atem. Bei Spazierengehen üben Sie auf jeden Fall ein Mantra.

4.2 Nachmittag: Meditation: Von Menschen verlassen – JESUS am Ölberg (MK 14, 26-42)

(26) Nach dem Lobgesang gingen sie zum Ölberg hinaus. (27) Da sagte JESUS zu ihnen: Ihr werdet alle (an mir) Anstoß nehmen und zu Fall kommen; denn in der Schrift steht: Ich werde den Hirten erschlagen, dann werden sich die Schafe zerstreuen. (28) Aber nach meiner Auferstehung werde ich euch nach Galiläa vorausgehen. (29) Da sagte PETRUS zu Ihm: Auch wenn alle (an dir) Anstoß nehmen – ich nicht! (30) JESUS antwortete ihm: Amen, ich sage dir: Noch heute Nacht, ehe der Hahn zweimal kräht, wirst du mich dreimal verleugnen. (31) PETRUS aber beteuerte: Und wenn ich mit Dir sterben müsste – ich werde Dich nie verleugnen. Das gleiche sagten auch alle anderen. (32) Sie kamen zu einem Grundstück, das Getsemani heißt, und Er sagte zu Seinen Jüngern: Setzt euch und wartet hier, während ich bete. (33) Und Er nahm PETRUS, JAKOBUS und JOHANNES mit sich. Da ergriff Ihn Furcht und Angst, (34) und Er sagte zu ihnen: Meine Seele ist zu Tode betrübt. Bleibt hier und wacht! (35) Und Er ging ein Stück weiter, warf sich auf die Erde nieder und betete, dass die Stunde, wenn möglich, an Ihm vorübergehe. (36) Er sprach: ABBA, VATER, alles ist Dir möglich. Nimm diesen Kelch von mir! Aber nicht, was ich will, sondern was Du willst (soll geschehen). (37) Und Er ging zurück und fand sie schlafend. Da sagte Er zu PETRUS: SIMON, du schläfst? Konntest du nicht einmal eine Stunde wach bleiben? (38) Wacht und betet, damit ihr nicht in Versuchung geratet. Der Geist ist willig, aber das Fleisch ist schwach. (39) Und Er ging wieder weg und betete mit den gleichen Worten. (40) Als Er zurückkam, fand Er sie wieder schlafend, denn die Augen waren ihnen zugefallen; und sie wussten nicht, was sie Ihm antworten sollten. (41) Und Er kam zum dritten Mal und sagte zu ihnen: Schlaft ihr immer noch und ruht euch aus? Es ist genug. Die Stunde ist gekommen; jetzt wird der Menschensohn den Sündern ausgeliefert. (42) Steht auf, wir wollen gehen! Seht, der Verräter, der mich ausliefert, ist da.

Während die anderen drei Evangelisten, die ja später schreiben, das Unverständnis und Versagen der Jünger immer wieder dadurch etwas

mildern, dass sie die verständigen Jünger dem unverständigen „Volk" gegenüberstellen, erzählt MARKUS schonungslos immer wieder das Unverständnis auch der Jünger – sie werden erst durch die Auferstehung sehend.
Antike Autoren meiden den heute modernen Seelen-Striptease, seelische Regungen werden nicht ausgemalt, sondern lassen sich nur aus dem Kontext erschließen. JESUS muss sich – trotz der großen Offenheit und Liebe, mit der Er auf Menschen zuging -, selbst von Seinen engsten Freunden und Mitarbeitern immer wieder missverstanden gefühlt haben. Diese Erfahrung verdichtet sich im Garten Getsemani („Ölkelter") am Fuße des Ölbergs. Die, die Ihm noch auf dem Weg in den Garten Treue schworen, schaffen es nicht einmal, gemeinsam mit Ihm zu beten; als es gefährlich wird, fliehen sie, PETRUS verleugnet Ihn sogar. Und schließlich nehmen sie, wie von JESUS vorhergesagt, an Seinem Kreuzestod Anstoß.
JESUS war während Seines gesamten öffentlichen Wirkens für andere Menschen da, die anderen aber offenbar nicht für Ihn: Er liebte sie also um ihrer selbst willen, nicht weil Er irgendwelche Vorteile von ihnen hatte. Die Lebenshingabe für die Menschen am Kreuz ist nur die Konsequenz Seiner Lebenshingabe in Seinem Leben. Selbstlose Menschenliebe, ja, Schöpfungsliebe ist das Ziel der Heilung des äußeren Menschen. JESUS war solch ein heiler Mensch: *Es gibt keine größere Liebe, als wenn einer sein Leben für seine Freunde hingibt (Joh 15,13)*

Bitte, bringen Sie diesen Bibeltext wieder mit Ihrem Leben in Berührung, mit Ihrer Lebenserfahrung und mit Ihren praktischen Möglichkeiten, und lassen Sie sie anschließend in der Kontemplation auf sich wirken.

5. <u>Tag</u>

5.1 <u>Vormittag: Heilung des „inneren" Menschen – die „Nacht"</u>

Heute kommen wir zum schwereren zweiten Schritt der Heilung des Menschen, der **Heilung des inneren Menschen:**
Erstens: sie ist **passiv** zu erleiden; das einzige, was ich aktiv zu diesem Schritt beitragen kann, ist, mich inhalts-, willen- und bedingungslos GOTT auszuliefern – dazu hilft besonders die Kontemplation.

Zweitens: der Verlust von Geschaffenem, wie er bei der Heilung des äußeren Menschen durchlitten werden muss, ist ja getragen von einer zwar noch ungeläuterten, aber immerhin vorhandenen GOTTESbeziehung - ich „habe" ja noch GOTT, daher habe ich nicht alles gelassen, sondern nur Geschöpfe um GOTTES willen. Das Loslassen der GOTTESbeziehung ist dem Menschen aber im letzten gar nicht möglich – der letzte ihm mögliche Schritt ist die Kontemplation. Die Hilfe, die GOTT dem dazu bereiten Menschen dann angedeihen lässt, sieht zunächst für diesen Menschen wie die furchtbarste Strafe aus: GOTT entzieht Sich diesem Menschen total – er versetzt den Menschen in den Zustand der **GOTTverlassenheit** oder **mystischen Nacht** – viel zu poetisch-harmlose Ausdrücke für die Realität dieses Grauens. Es mag aber für jeden, der in diesen Zustand gerät, tröstlich sein zu hören, wie andere ihn erlebt haben. Hier eine anschauliche Beschreibung von JOHANNES v. Kreuz: *Wenn nun das Göttliche sie <die Seele> überfällt, um sie auszureifen, zu erneuern und dadurch göttlich zu machen – wenn es sie nun von allen eingewurzelten Neigungen, von allen klebenden und eingefleischten Eigenheiten des alten Menschen vollkommen entblößen will, dann zerstückelt und vernichtigt es derart ihre geistige Substanz in einer sie umschlingenden, dichten und tiefen Finsternis, dass sich diese Seele angesichts ihrer Erbärmlichkeiten in einem grausamen Geistestod hinschmelzen und hinschwinden fühlt ... (*JOHANNES v.Kreuz, Dunkle Nacht II/ 6).

Leider wird dieser Zustand von vielen Menschen, auch von Geistlichen Begleitern, heute oft nicht mehr verstanden, und sie raten daher zum Ausweichen, statt Hilfen für das Durchleben und Durchleiden dieses Zustandes zu geben. Sie meinen, dieses Durchgangsstadium sich und anderen ersparen zu können, GOTT auch durch einige Liedlein bei Kerzenschein erreichen zu können – und betrügen sich selbst und andere. Aber: Wie könnte uns GOTT anders zur selbstlosen GOTTESliebe befähigen? Solange wir GOTT lieben, weil Er uns gute Gaben schenkt, lieben wir nicht Ihn, sondern dir von Ihm geschenkten Annehmlichkeiten. Gerade weil Er uns liebt und uns zur Gegenliebe führen will, kann Er uns diesen Zustand nicht ersparen. Erinnern wir uns, dass auch JESUS sagte, dass nur der, der bereit ist, sein Leben zu verlieren, es gewinnen kann – und dass auch bei Ihm der Weg zur Einigung mit GOTT durch die GOTTverlassenheit, der Weg **zur Auferstehung durch den Tod** führte.
Wie lange eine solche „Nachtwanderung" dauert und wie oft im Leben sie uns zugemutet wird, wissen wir nicht. Am ehesten tröstlich ist hier, wenn uns

andere, die diesen Zustand bereits erfahren haben (das müssen nicht unbedingt noch lebende Menschen sein, sondern wir können diesen Trost auch aus Büchern längst verstorbener Mystiker entnehmen), versichern, dass wir nicht lebenslang in einem finsteren Loch sitzen, sondern durch einen finsteren Tunnel gehen, an dessen Ende irgendwann das Licht auf uns wartet.

Schließen Sie nun wieder zwei kontemplative Gebetseinheiten, mit oder ohne Mantra, und einen Spaziergang mit Mantrenübung an.

5.2 Nachmittag: Meditation der GOTTverlassenheit (Mk 15,24-39)

(24) Dann kreuzigten sie Ihn. Sie warfen das Los und verteilten Seine Kleider unter sich und gaben jedem, was ihm zufiel. (25) Es war die dritte Stunde, als sie Ihn kreuzigten. (26) Und eine Aufschrift (auf einer Tafel) gab Seine Schuld an: „Der König der Juden." (27) Zusammen mit Ihm kreuzigten sie zwei Räuber, den einen rechts von Ihm, den andern links. <(28) So erfüllte sich das Schriftwort: Er wurde zu den Verbrechern gerechnet.> (29) Die Leute, die vorbeikamen, verhöhnten Ihn, schüttelten den Kopf und riefen: Ach, du willst den Tempel niederreißen und in drei Tagen wieder aufbauen? (30) Hilf dir doch selbst, und steig herab vom Kreuz! (31) Auch die Hohenpriester und die Schriftgelehrten verhöhnten ihn und sagten zueinander: Anderen hat er geholfen, sich selbst kann er nicht helfen. (32) Der Messias, der König von Israel! Er soll doch jetzt vom Kreuz herabsteigen, damit wir sehen und glauben. Auch die beiden Männer, die mit ihm zusammen gekreuzigt wurden, beschimpften ihn.

(33) Als die sechste Stunde kam, brach über das ganze Land eine Finsternis herein. Sie dauerte bis zur neunten Stunde. (34) Und in der neunten Stunde rief Jesus mit lauter Stimme: Eloï, Eloï, lema sabachtani?, das heißt übersetzt: Mein Gott, mein Gott, warum hast du mich verlassen? (35) Einige von denen, die dabeistanden und es hörten, sagten: Hört, er ruft nach ELIJA! (36) Einer lief hin, tauchte einen Schwamm in Essig, steckte ihn auf einen Stock und gab JESUS zu trinken. Dabei sagte er: Lasst uns doch sehen, ob ELIJA kommt und ihn herabnimmt. (37) JESUS aber schrie laut auf. Dann hauchte Er den Geist aus. (38) Da riss der Vorhang im Tempel von oben bis unten entzwei. (39) Als der Hauptmann, der JESUS gegenüberstand, Ihn auf diese Weise sterben sah, sagte er: Wahrhaftig, dieser Mensch war GOTTES SOHN.

Die Kreuzigung war eine persische Erfindung, merkwürdiger Weise aus religiösen Motiven. Die Perser, die damals einer von ZOROASTER gegründeten Religion angehörten (später „Parsen“ genannt, heute gibt es nur mehr wenige), wollten aus religiöser Ehrfurcht die vier antiken Elemente, Luft, Wasser, Erde und Feuer, nicht durch Tote verunreinigen. Bis heute bestatten Parsen ihre Toten nicht, sondern legen sie auf die Plattform der "Türme des Schweigens", wo die Toten von Geiern gefressen werden, die restlichen Knochen kommen in ein Zwischenstockwerk, das den Boden nicht berührt. Als Hinrichtungsart erfanden sie die Kreuzigung, wobei die Toten in der ursprünglichen Form so lange am Kreuz blieben, bis Raubvögel sie weitgehend "bestattet" hatten. Die Phönikier und dann die Römer übernahmen diese Hinrichtungsart aus Grausamkeit. Für die Römer galt die Kreuzigung als so schimpflich, dass Römische Bürger nicht gekreuzigt werden durften (vgl. CICERO, Pro C. Rabirio, Oratio 16) - die Kreuzigung wurde zur typischen Strafe für Sklaven und Aufrührer, sofern sie nicht das Römische Bürgerrecht hatten. Die Juden hielten und halten einen Gekreuzigten für von GOTT verflucht (Dtn 21,23), was den Glauben an JESUS als den MESSIAS ungemein erschwert(e). - Bei der Kreuzigung blieb der Längsbalken an vorgesehenen Hinrichtungsplätzen im Boden fixiert oder wurde zumindest vorher aufgerichtet, vom Verurteilten wurde "nur" der etwa 70 kg schwere Querbalken (patibulum) getragen. Die Annagelung erfolgte zwischen Elle und Speiche knapp hinter der Handwurzel, also nicht innerhalb der Handflächen, die Füße wurden übereinander gelegt und ein langer Nagel vom Rist durchs Fersenbein beider Füße durchgeschlagen. Der Gekreuzigte litt zunächst abwechselnd unter Muskelkrämpfen und Erstickungsanfällen, der Tod trat durch Ersticken oder durch Kreislaufzusammenbruch ein.

Für unser spirituelles Leben sind aber andere Überlegungen wichtiger als das Kennenlernen historischer Fakten. MARKUS und - ihm folgend - MATTHÄUS arbeiten die Absurdität des Todes JESU durch einen scharfen Kontrast heraus: JESUS betet den Ps 22 - *"Mein GOTT, mein GOTT, wozu hast Du mich verlassen ?"* -, der römische Hauptmann antwortet *"Wahrhaftig, dieser (Mensch) war GOTTES SOHN"*. Ein größerer Gegensatz ist wohl kaum denkbar - gerade dieser in elendster Weise zugrunde gehende Mensch ist GOTT ! Da man z.Z. JESU Psalmen nach ihren Anfangsversen zitierte (ähnlich wie heute Konzilskonstitutionen, Enzykliken u.ä.) und da auch von anderen frommen Juden bezeugt ist, dass sie in ihrer Todesstunde beten, ist es wahrscheinlich, dass auch JESUS betete; für den **Ps 22** sprechen zumindest zwei Gründe: Erstens ist nur bei diesem Ps das Missverständnis mit ELIJA möglich ist: *ELIJA 'ta'* = "ELIJA, komm" statt *ELI atta'* = "mein

GOTT bist Du" (Ps 22,11). Zweitens ist dieser Ps die schwierigere Lesart gegenüber den leichter erträglichen Todesworten bei LUKAS und JOHANNES – denn wie kann der GOTTSOHN von GOTT verlassen sein ? Im letzten wird das ein nicht auslotbares Geheimnis bleiben. Aber wenn JESUS stellvertretend für uns Sünder starb, um „die Sünde der Welt", die Trennung der Welt von GOTT, aufzuheben und „den Himmel zu öffnen", können wir vielleicht erahnen, dass Er diese Trennung der Welt von GOTT durchleben und durchleiden musste, um sie in GOTTES Leben hineinzunehmen. Dann hätte auch die frühere Formulierung im Credo „Hinabgestiegen in die Hölle" einen tiefen Sinn – eben dieses Durchleben der GOTTverlassenheit des Sünders. Die übliche Übersetzung "...warum hast Du mich verlassen" entspricht nicht dem griechischen Text (*eis ti*: Mk, *hinati:* Mt), der finalen und nicht kausalen Sinn hat, also **"wozu"** und nicht "warum". Durch diese ungenaue Übersetzung geht der religiöse Sinn ebenso verloren wie die wegweisende Hilfestellung für uns, wenn wir Schweres durchmachen müssen: Wer "warum" fragt, rechtet mit GOTT, wer "wozu" fragt, will sich dem Willen GOTTES unterordnen. Jede Trauerarbeit besteht ganz wesentlich darin, das Warum in ein Wozu zu verwandeln, und erst, wenn dies gelungen ist, ist eine neue Lebenschance eröffnet.

Bitte, bringen Sie diesen Text wieder mit Ihrer Lebenserfahrung und mit Ihren praktischen Lebensmöglichkeiten in Verbindung. Schließen Sie zwei kontemplative Gebetseinheiten und einen ausgiebigen Spaziergang an.

6 Tag

6.1 Vormittag: Heilung durch Erleuchtung – die mystische Erfahrung

Die Heilung des Menschen ist erst abgeschlossen, wenn er alles gelassen, wenn er die Ich-Bindung aufgegeben hat, wenn er sich selbst im mystischen Tod gestorben ist.

Schon KANT hat lapidar festgestellt: *Erfahrungen muss man* ***machen***. Selbst die banalste Alltagserfahrung kann man sprachlich nie so klar ausdrücken, dass für den, der diese Erfahrung nicht kennt, die Erfahrung durch die Beschreibung ersetzt werden könnte. Das gilt noch weit mehr für die höchstmögliche Erfahrung, die **Erleuchtung** oder **Durchleuchtung.** Ich möchte, obwohl das unüblich ist, hier zwei Ausdrücke verwenden, um darauf aufmerksam zu machen, dass die mystische Erfahrung sowohl ein plötzliches Hingerissen-Werden in GOTT sein kann als auch ein langsames In-GOTT-Hineinwachsen, wobei beides einander nicht ausschließen muss, sondern ergänzen kann. Das, was hier erfahren wird, lässt sich, wenn überhaupt, im Gegensatz zu unserer üblichen Denkweise beschreiben. Normaler Weise denken wir **diskursiv,** d.h. einen Denkinhalt nach dem anderen, wobei wir Denkinhalte voneinander abgrenzen und zueinander in Beziehung setzen. So ist es auch möglich, durch Nachdenken zu erkennen, dass wir selbst und alle Dinge im Kosmos ihr Sein nicht aus sich selbst haben können, und daraus zu schließen, dass sie dieses Sein von einem Wesen verliehen haben, das aus Sich Selbst ist, von GOTT. Solche Überlegungen sind durchaus berechtigt, haben aber den Nachteil, dass sie keine letzte existentielle Gewissheit gewähren – es könnte ja auch anders sein. In der mystischen Erfahrung wird diese Diskursivität des Denkens (und damit die Zeit) kurzfristig aufgehoben, wir denken nicht, dass wir und alle Dinge in GOTT geborgen sind, sondern wir **erfahren** unsere Ich-Bindung in GOTT aufgehoben und diese Ganzheit **intuitiv und als größtmögliches Glück** – es sind ja alle schmerzlichen Trennungen, alle „Sünden“, aufgehoben. Anders ausgedrückt: Wir erfahren **die Rückkehr ins Paradies.** Auslöser kann eine Naturerfahrung sein, und zwar durchaus individuell verschieden – etwa für MOSE der brennende Dornbusch, für ELIJA das zarte Säuseln des Windes, für die Jünger am Schawuot-(Pfingst-)Fest das heftige Sturmesbrausen. Die heutige Psychologie spricht von peak-experience (Gipfel-Erlebnis). Die Primärerfahrung scheint bei den Menschen, die sie haben, gleich oder zumindest ähnlich zu sein, die sekundäre Deutung aber je nach Kultur und Religion verschieden. Während man in der christlichen Mystik stärker das Erleben der Geborgenheit der Schöpfung in GOTT betont (Liebesmystik), betont die östliche Mystik stärker das Erleben der Einheit mit dem GÖTTLICHEN (Einheitsmystik). Man müsste wohl beide Aspekte zusammensehen und von dem Erleben einer **Identität-Nichtidentität** oder **Nichtidentität-Identität** sprechen – im Bewusstsein, dass unsere diskursive Sprache zumindest **zwei** Begriffe braucht, um das auszudrücken, was im intuitiven Erleben **eins** ist - nicht als Entweder-Oder, sondern als **Sowohl - Als auch**. Natürlich kennt bereits die Bibel diesen Doppelaspekt der Einheitserfahrung – ich möchte dazu bewusst auf zwei Texte desselben biblischen Autors hinweisen, auf LUKAS: im Gleichnis vom Barmherzigen Vater ist GOTT das liebende, personale Gegenüber (Lk 15,11-32), in der Areopagrede der Apostelgeschichte die uns umgebende Lebensenergie (Apg 17, 28: *Denn in Ihm leben wir, bewegen wir uns und sind wir*).

Da wir bis zum biologischen Tod Zeitbedingungen unterworfen bleiben, ist die Zeitüberhobenheit, die „Ewigkeit“, der mystischen Erfahrung momenthaft. Dennoch prägt sie den Menschen in mehrfacher Hinsicht:
Durch die Erfahrung der Geborgenheit seiner selbst und der ganzen Schöpfung in GOTT und der Einheit mit GOTT ist die Läuterung / Heilung der Kontemplation zu einer (vorläufigen) Vollendung gekommen – der Mensch beginnt ganz und heil zu werden, Leid, das ihn äußerlich trifft wie jeden Menschen, trifft nicht mehr seinen Seelenkern.
Diese Erfahrung relativiert die Diskursivität seines Denkens, durch die erlebte Intuition wird sein Wissen nicht quantitativ vermehrt, sondern qualitativ verändert: er erlebt sich selbst, seine Mitmenschen und alle Dinge nicht mehr als getrennte Seiende, von denen er auf GOTT als Schöpfer schließen kann, sondern er erlebt sich selbst und alle Geschöpfe mit GOTT vereint. Von dieser Erfahrung her wird erst echte Liebe zu den Geschöpfen möglich – Liebe als „Im-anderen-bei-sich-Sein“ (HEGEL). Mit der Relativierung der Diskursivität des Denkens wird auch das Zeitbewusstsein relativiert, so dass wir während dieser Erfahrung bereits Ewigkeit – als Zeitlosigkeit oder Zeitüberhobenheit und nicht als unendliche Zeitdauer - erfahren können.

Bitte, schließen Sie mindestens zwei (wenn Sie es schon schaffen, drei) kontemplative Einheiten und einen Spaziergang an.

6.2 Nachmittag: Meditation zur Bekehrung des SAULUS / PAULUS (Apg 9,1-22)

(1) SAULUS wütete immer noch mit Drohung und Mord gegen die Jünger des HERRN. Er ging zum Hohenpriester (2) und erbat sich von ihm Briefe an die Synagogen in Damaskus, um die Anhänger des (neuen) Weges, Männer und Frauen, die er dort finde, zu fesseln und nach Jerusalem zu bringen. (3) Unterwegs aber, als er sich bereits Damaskus näherte, geschah es, dass ihn plötzlich ein Licht vom Himmel umstrahlte. (4) Er stürzte zu Boden und hörte, wie eine Stimme zu ihm sagte: SAUL, SAUL, warum verfolgst du mich? (5) Er antwortete: Wer bist du, HERR? Dieser sagte: Ich bin JESUS, den du verfolgst. (6) Steh auf und geh in die Stadt; dort wird dir gesagt werden, was du tun sollst. (7) Seine Begleiter standen sprachlos da; sie hörten zwar die Stimme, sahen aber niemand. (8) SAULUS erhob sich vom Boden. Als

er aber die Augen öffnete, sah er nichts. Sie nahmen ihn bei der Hand und führten ihn nach Damaskus hinein.

Bis Apg 13,9 trägt der Apostel den jüdischen Namen SAULUS ("der Erflehte"), dann den lateinischen Namen PAULUS ("der Kleine"). Der Namenswechsel hat nichts mit seiner Bekehrung zu tun - wie die volkstümliche Redensart "Aus einem SAULUS ist ein PAULUS geworden" nahelegt -, sondern er trug von Geburt an einen Doppelnamen, da er einerseits Jude aus dem Stamm BENJAMIN war, (Gal 1,13 f.; 2 Kor 11,22; Röm 11,1; Apg 22,3 f u.ö.), andererseits das römische Bürgerrecht besaß. (Apg 16,37-39; 22,27-29 u.ö., besonders aber Apg 25,10 f.).

Die Bekehrung des PAULUS gehört zu den **Schlüsselszenen** der Apg; sie ist nach der Auferstehung JESU das am häufigsten dargestellte Ereignis des NT (Apg 9,1-31; 22,4-16; 26,9-18 und Gal 1,11-16; 1 Kor 15,8ff.; Phil3,6 ff.). Das paulinische Selbstzeugnis ist allerdings von der Darstellung der Apg etwas verschieden: PAULUS reiht seine CHRISTUSbegegnung in die Osterfahrungen der anderen Jünger ein und deutet sie als Berufung zum Apostel, LUKAS, der die Ostererfahrungen mit der Himmelfahrt abgeschlossen sein lässt, stellt die CHRISTUSbegegnung als Erleuchtung dar und interpretiert sie, aufgrund seines engeren Apostelbegriffes, als Bekehrung vom Christenverfolger zum CHRISTUSprediger.

Der literarischen Gattung nach ist Apg 9 als volkstümliche Bekehrungslegende gestaltet. Sie hat sicher einen historischen Kern, da der Christenverfolger SAULUS ja von sich aus keinen Grund zu einer solch radikalen Sinnesänderung gehabt hätte. PAULUS reist, um die Christen weiter zu verfolgen, nach Damaskus: dieser Zweck kann nicht offiziell gewesen sein, da der Sanhedrin keine Gerichtsbarkeit in Syrien hatte. Möglicherweise handelte PAULUS aufgrund eigener Initiative; wenn er tatsächlich Empfehlungsschreiben des Sanhedrin bei sich hatte, können diese bestenfalls offiziösen Charakter gehabt haben.

Bei vielen biblischen Gestalten ist ihre **Erleuchtung,** ihre GOTTES- oder CHRISTUSerfahrung, zugleich ihre **Berufung** – die Gabe GOTTES wird für sie also zu einer konkreten Lebensaufgabe, worauf wir morgen noch näher eingehen. Manche trifft diese GOTTESerfahrung unvorbereitet, wie MOSE beim Schafehüten, manche werden auf ihrem religiösen Weg gleichsam radikal „umgeleitet", wie PAULUS, der ja schon vorher ein frommer Pharisäer war, wieder andere, wie JESUS und MARIA, werden in ihrer religiösen Grundausrichtung weitergeführt. Immer aber wird der Mensch, der GOTT erfährt, in GOTT hinein verwandelt.

Die CHRISTUSbegegnung des SAULUS / PAULUS ist jedenfalls als Kombination einer **Erleuchtungs-** (Licht als Symbol, Stimme, "Ich bin...") und einer **Berufungserzählung** gestaltet. PAULS Sturz zu Boden soll wohl den Verlust der eigenen Kraft ausdrücken, seine Blindheit ist eher kein Strafwunder, sondern soll ihn als "blindes Werkzeug" (vgl.9,15) charakterisieren.

Überdenken Sie, ob auch Sie schon in Ihrem Leben solche tiefen GOTTES-erfahrungen machen durften, und was sich dadurch in Ihrem Leben geändert hat oder weiterhin ändern sollte.
Schließen Sie ein bis zwei kontemplative Einheiten und einen Spaziergang an.

7 Tag

7.1 Vormittag: Einigung und ihre Früchte - Wir sind Glieder am Leib CHRISTI

Zum Abschluss dieser Überlegungen zum kontemplativ-mystischen Weg wollen wir den **praktischen** Aspekt überlegen, warum Tod und Auferstehung in diesem Leben wenigstens partiell vorweggenommen werden sollen – es ist das **Fruchtbringen.** Denn auch und gerade für die mystische Erfahrung hat uns JESUS selbst den Prüfstein genannt: *An ihren Früchten werdet ihr sie erkennen. Erntet man etwa von Dornen Trauben oder von Disteln Feigen? Jeder gute Baum bringt gute Früchte hervor, ein schlechter Baum aber schlechte ... (Mt 716 f.)* . Denn die Früchte, die ein Mensch aus sich selbst hervorbringt, sind menschlich, die GOTT in ihm hervorbringt, göttlich. Im letzten Stadium des mystischen Weges, der **Einigung,** geht es also nicht um eine momenthafte, glückselige Erfahrung, sondern um das fruchtbringende Bleiben in GOTT – die Einigung ist der **praktische** Aspekt des kontemplativ-mystischen Weges. Niemand, der sich für diesen Weg entschließt, geht diesen Weg allein – er geht ihn immer auch **für andere.** Das ist auch der Grund, warum wir Läuterung / Erleuchtung / Einigung nicht auf das Jenseits vertagen, sondern hier und jetzt beginnen sollten.
Spätestens hier muss klar werden, dass der Ausrottungsversuch der Mystik durch die Aufklärung und ihre Überzuckerung im 19.Jh. eine verkürzte

Spiritualität hervorbrachte. Echte Mystik hingegen führt zu einer vertieften Realitätssicht und dadurch zur Tauglichkeit (**„Tugend“**), als Glied des Leibes CHRISTI zu handeln.

Von diesen Überlegungen her wird auch der Gegensatz von Christentum und Buddhismus besser verständlich. Wir haben bereits bei der Besprechung der Erleuchtung erwähnt, dass der Buddhismus die mystische Erfahrung als reine Einheitserfahrung interpretiert, das Christentum aber beide Momente, die Einheit und die innige Liebesverbindung der Zweiheit, betont. Das unterschiedliche Verständnis der Erleuchtung wirkt sich auf das Verständnis und die Praxis der Einigung aus, ja, auch auf das Hoffnungsbild, mit dem die endgültige Einheit mit GOTT nach dem Tod ausgedrückt wird. Die Hoffnung über den Tod hinaus ist im Buddhismus, wie **ein Tropfen im Ozean** der apersonalen GOTTheit zu verlöschen. Im Christentum sind die Geschöpfe, vor allem der Mensch, nicht bloße Aspekte der GOTTheit, sondern von einem personalen GOTT in eine relative Selbständigkeit entlassen. Da hier auch GOTT personal, also in Liebes-Beziehungen stehend, gedacht wird – in Sich (Dreifaltigkeit) und zur Schöpfung -, kann weder die Schöpfung in GOTT verschwinden noch können die drei göttlichen Personen ineinander verschmelzen. Ziel ist hier also nicht die unterschiedslose Einheit, sondern die Einheit in einer Vielfalt heiler Beziehungen, die Einheit von Liebesbeziehungen. Das beste Bild dafür ist **das himmlische Hochzeitsmahl**, das ja auch JESUS gern verwendete. – Vielleicht ist einer der Gründe der unterschiedlichen Deutung des kontemplativen Weges in Christentum und Buddhismus der, dass im Christentum Kontemplation die vierte Stufe der lectio divina darstellt; da die ersten drei Stufen bei Erreichung der vierten Stufe nicht verloren gehen, bilden am Ende Meditation und Kontemplation die beiden **einander ergänzenden Aspekte des spirituellen Weges,** sind gleichsam Brennpunkte ein und derselben Ellipse. Im Buddhismus ist nur der eine der beiden Aspekte, die Kontemplation, vorhanden, daher fehlen für die Deutung des Einheitserlebens die inhaltlichen Aspekte.

"GOTT ist die Liebe, und wer in der Liebe bleibt, bleibt in GOTT, und GOTT bleibt in ihm" (1 Joh 4,16 b).

Daher kann **MARIA** als geglücktes Bild des spirituellen Weges gesehen werden: Denn in einem **spirituellen Sinn** sind alle Menschen zu Mutterschaft, ja, GOTTESmutterschaft berufen, was vor allem Mystiker klar ausgesprochen haben. Bekannt ist der Vers von ANGELUS SILESIUS:

Wird CHRISTUS tausendmal in Betlehem geboren und nicht in dir,
du bliebst doch ewiglich verloren.

Vielleicht weniger bekannt ist, dass **Meister ECKEHART OP** mit den Bildern Jungfrau, Frau und Mutter den spirituellen Weg des Menschen beschreibt (Wir beziehen uns, stark vereinfacht und gekürzt, vor allem auf seine 2. Predigt.)

Der Mensch ist von GOTT in ein Paradies (in heilen Bezügen zu GOTT, zu sich selbst, zum Mitmenschen, zur Mitschöpfung) geplant, er verlässt dieses Paradies durch fremde und eigene Schuld – der Mensch muss also **Jungfrau** werden, d.h. ledig von seiner Schuld, von seinen Verletzungen, von seiner Ich-Bindung. Dieser Heilungsprozess ist schmerzlich – er wird gern mit einer „Wüste“ oder „Nacht“ verglichen.

Ist der Mensch frei von Ich-Bindung geworden, ist er zur GOTTES-Bindung fähig – er wird **Frau**, er kann die Einheit mit GOTT und der Schöpfung und die Geborgenheit der Schöpfung in GOTT intuitiv erfahren – es wird momenthaft gleichsam die Rückkehr ins verlorene Paradies erlebt, eine Erfahrung, die man als Erleuchtung bezeichnet und die auch in der Psychologie unter dem Begriff peak-experience bekannt ist.

Das Frau-Werden (Eins-Werden, Erleuchtet-Werden) ist aber nicht Selbstzweck, sondern befähigt den Menschen, aus GOTT und für GOTT fruchtbar, d.h. **Mutter**, zu werden – oder GOTT handelt durch ihn hindurch. Ein solcher Mensch ist Person (per-sonare), weil nicht mehr er wirkt, sondern GOTT durch ihn durchtönt, er bringt nicht seine, sondern GOTTES Früchte hervor – und das sind „gute Früchte“.

Diesen kontemplativ-mystischen Weg stellt der Verfasser des Johannes-Evangeliums anschaulich dar (Joh 20,11-18):

Maria aber stand draußen vor dem Grab und weinte. Während sie weinte, beugte sie sich in die Grabkammer hinein.

Da sah sie zwei Engel in weißen Gewändern sitzen, den einen dort, wo der Kopf, den anderen dort, wo die Füße des Leichnams Jesu gelegen hatten.

Die Engel sagten zu ihr: Frau, warum weinst du? Sie antwortete ihnen: Man hat meinen Herrn weggenommen und ich weiß nicht, wohin man ihn gelegt hat.

Als sie das gesagt hatte, wandte sie sich um und sah Jesus dastehen, wusste aber nicht, dass es Jesus war.

Jesus sagte zu ihr: Frau, warum weinst du? Wen suchst du? Sie meinte, es sei der Gärtner, und sagte zu ihm: Herr, wenn du ihn weggebracht hast, sag mir, wohin du ihn gelegt hast. Dann will ich ihn holen.

Jesus sagte zu ihr: Maria! Da wandte sie sich ihm zu und sagte auf Hebräisch zu ihm: Rabbuni!, das heißt: Meister.
Jesus sagte zu ihr: Halte mich nicht fest; denn ich bin noch nicht zum Vater hinaufgegangen. Geh aber zu meinen Brüdern und sag ihnen: Ich gehe hinauf zu meinem Vater und zu eurem Vater, zu meinem Gott und zu eurem Gott.
Maria von Magdala ging zu den Jüngern und verkündete ihnen: Ich habe den Herrn gesehen. Und sie richtete aus, was er ihr gesagt hatte.

MARIA MAGDALENA ist in sich gekrümmt im Bereich des Todes (Grab). Als der Auferstandene sie beim Namen nennt, kehrt sie um – physisch und geistig. Voll Freude will sie diese Erfahrung festhalten – doch JESUS entzieht sich ihr (mystische Erfahrungen sind zu unseren Lebzeiten eben nur momenthaft) und beauftragt sie mit der Verkündigung.

Schließen Sie, bitte, zwei bis drei kontemplative Gebetseinheiten und einen Spaziergang an.

7.1 Nachmittag: Meditationen zu Kirche und Vollendung

Zunächst möchte ich zum Überdenken der Fortsetzung des gestrigen Bibeltextes über die Verwandlung des PAULUS einladen, weil diese Fortsetzung klar zeigt, dass der Mensch nicht für sich selbst erleuchtet / berufen wird, sondern um für andere fruchtbar zu werden.

7.1.1 PAULUS als Werkzeug der Verkündigung (Apg 9,9-22.31)

(9) Und er war drei Tage blind, und er aß nicht und trank nicht. (10) In Damaskus lebte ein Jünger namens HANANIAS. Zu ihm sagte der HERR in einer Vision: HANANIAS! Er antwortete: Hier bin ich, HERR. (11) Der HERR sagte zu ihm: Steh auf und geh zur sogenannten Geraden Straße, und frag im Haus des JUDAS nach einem Mann namens SAULUS aus Tarsus. Er betet gerade (12) und hat in einer Vision gesehen, wie ein Mann namens HANANIAS hereinkommt und ihm die Hände auflegt, damit er wieder sieht. (13) HANANIAS antwortete: HERR, ich habe von vielen gehört, wie viel Böses dieser Mann deinen Heiligen in Jerusalem angetan hat. (14) Auch hier hat er Vollmacht von den Hohenpriestern, alle zu verhaften, die deinen

Namen anrufen. (15) Der HERR aber sprach zu ihm: Geh nur! Denn dieser Mann ist mein auserwähltes Werkzeug: Er soll meinen Namen vor Völker und Könige und die Söhne Israels tragen. (16) Ich werde ihm auch zeigen, wie viel er für meinen Namen leiden muss. (17) Da ging HANANIAS hin und trat in das Haus ein; er legte SAULUS die Hände auf und sagte: Bruder SAUL, der HERR hat mich gesandt, JESUS, der dir auf dem Weg hierher erschienen ist; du sollst wieder sehen und mit dem HEILIGEN GEIST erfüllt werden. (18) Sofort fiel es wie Schuppen von seinen Augen, und er sah wieder; er stand auf und ließ sich taufen. (19) Und nachdem er etwas gegessen hatte, kam er wieder zu Kräften. Einige Tage blieb er bei den Jüngern in Damaskus; (20) und sogleich verkündete er Jesus in den Synagogen und sagte: Er ist der SOHN GOTTES. (21) Alle, die es hörten, gerieten in Aufregung und sagten: Ist das nicht der Mann, der in Jerusalem alle vernichten wollte, die diesen Namen anrufen? Und ist er nicht auch hierher gekommen, um sie zu fesseln und vor die Hohenpriester zu führen? (22) SAULUS aber trat um so kraftvoller auf und brachte die Juden in Damaskus in Verwirrung, weil er ihnen bewies, dass JESUS der MESSIAS ist.

(31) Die Kirche in ganz Judäa, Galiläa und Samarien hatte nun Frieden; sie wurde gefestigt und lebte in der Furcht vor dem HERRN. Und sie wuchs durch die Hilfe des HEILIGEN GEISTES.

Die Berufungserzählung, die wir gestern meditierten, war nicht in sich abgeschlossen, sondern wird dies erst durch die **Parallelvision** des HANANIAS (9,10-19a): Dadurch wird die göttliche Führung des Geschehens betont. Nach anfänglicher Weigerung - wie sie für Berufungserzählungen typisch ist - legt HANANIAS dem PAULUS die Hände auf, wodurch es gleichzeitig zur Heilung und GEISTübertragung kommt. Die Taufe erfolgt, wie bei CORNELIUS (Apg 10,47 f.), erst anschließend.
PAULUS beginnt sogleich mit der Verkündigung CHRISTI als des "SOHNES GOTTES", was der Tradition entspricht, da PAULUS diesen Titel häufig, LUKAS aber kaum verwendet. PAULUS nimmt also seine Berufung zum Werkzeug der Glaubensverkündigung an, seine Berufung bringt reiche Frucht.

Dies ist auch Sinn unserer Berufung in die Nachfolge.

7.2.2 Der Leib CHRISTI (1 Kor 12, 1-11, gekürzt)

(1) Auch über die Gaben des GEISTES möchte ich euch nicht in Unkenntnis lassen, meine Brüder.

(4) Es gibt verschiedene Gnadengaben, aber nur den einen GEIST. (5) Es gibt verschiedene Dienste, aber nur den einen HERRN. (6) Es gibt verschiedene Kräfte, die wirken, aber nur den einen GOTT: Er bewirkt alles in allen. (7) Jedem aber wird die Offenbarung des GEISTES geschenkt, damit sie anderen nützt. (8)....

(12) Denn wie der Leib eine Einheit ist, doch viele Glieder hat, alle Glieder des Leibes aber, obgleich es viele sind, einen einzigen Leib bilden: so ist es auch mit CHRISTUS. (13) Durch den einen GEIST wurden wir in der Taufe alle in einen einzigen Leib aufgenommen, Juden und Griechen, Sklaven und Freie; und alle wurden wir mit dem einen GEIST getränkt. (14) Auch der Leib besteht nicht nur aus einem Glied, sondern aus vielen Gliedern. ....(18) Nun aber hat GOTT jedes einzelne Glied so in den Leib eingefügt, wie es Seiner Absicht entsprach.... (24 b) GOTT aber hat den Leib so zusammengefügt, dass er dem geringsten Glied mehr Ehre zukommen ließ, (25) damit im Leib kein Zwiespalt entstehe, sondern alle Glieder einträchtig füreinander sorgen. (26) Wenn darum ein Glied leidet, leiden alle Glieder mit; wenn ein Glied geehrt wird, freuen sich alle anderen mit ihm. (27) Ihr aber seid der Leib CHRISTI und jeder einzelne ist ein Glied an Ihm. (28) So hat GOTT in der Kirche die einen als Apostel eingesetzt, die andern als Propheten, die dritten als Lehrer; ferner verlieh er die Kraft, Wunder zu tun, sodann die Gaben, Krankheiten zu heilen, zu helfen, zu leiten, endlich die verschiedenen Arten von Zungenrede. (29) Sind etwa alle Apostel, alle Propheten, alle Lehrer? Haben alle die Kraft, Wunder zu tun? (30) Besitzen alle die Gabe, Krankheiten zu heilen? Reden alle in Zungen? Können alle solches Reden auslegen? (31a) Strebt aber nach den höheren Gnadengaben!

Eine **Kirchengründung** im eigentlichen Sinn, d.h. die Gründung eines vom ursprünglichen GOTTESvolk unterschiedenen neuen GOTTESvolkes, setzt voraus: Erstens das Scheitern des Konzepts des irdischen JESUS „Bekehrung Israels – Israel als Heilsmittler für alle“. Und zweitens die Erfahrung, dass der, der dieses Konzept vertrat, trotz Seines irdischen Scheiterns von GOTT in neuer und unübertroffener Weise bestätigt wurde und daher dieses Konzept in neuer Weise weitergeführt werden muss. Für die Gründung einer Kirche ist also **Tod und Auferstehung** gleichermaßen vorausgesetzt – ein bloß auf **menschlicher** Ebene gefällter Beschluss, die Sache JESU weiterzuführen, wäre unerklärlich, weil unmotiviert. Denn als Juden mussten die Jünger glauben, einem falschen MESSIAS nachgelaufen zu sein (Dtn 21,23) – bis GOTT diesen Gekreuzigten durch die Auferstehung endgültig bestätigte. CHRISTUS hat somit die Kirche gegründet, doch **als Auferstandener in Seinem GEISTE.**

Wir wissen nicht, warum die Geschichte nach Ostern weiterging und weitergeht – es wäre durchaus möglich gewesen, mit der Auferweckung JESU die Vollendung der Welt zusammenfallen zu lassen - ; da die Geschichte aber weitergeht, muss in ihr die Kirche als Gemeinschaft der an CHRISTUS Glaubenden die in CHRISTUS vorweggenommene Vollendung durch Wort- und Tatverkündigung lebendig halten und möglichst viele Menschen in diese durch CHRISTUS eröffnete GOTTESbeziehung hineinzunehmen versuchen. Wenn also die Geschichte nach Ostern weitergeht, ist eine Trennung von CHRISTUS und Kirche unmöglich – dann ist die Kirche der **„Leib CHRISTI“** bis zur Vollendung der Welt. Daher wird sich jede konkrete Ausprägung von Kirche am Wirken JESU als dem **letztverbindlichen Maß** messen lassen müssen – und da müssen wir Christen beschämt zugeben, dass vieles in der Kirchengeschichte früher und jetzt diesem Maß nicht genügt.

Welches Kirchenbild den Absichten JESU entspricht, können wir an Seinem irdischen Wirken **verbindlich** ablesen.
JESUS verkündigte in Wort und Tat die angebrochene GOTTESherrschaft – heute wohl besser: JESUS machte in Wort und Tat die **liebende Nähe GOTTES** in der Welt erlebbar. Bei JESUS fielen Wort- und Tatverkündigung nie auseinander, vielmehr dienten Seine Worte dazu, seine Taten eindeutig zu klären. Dabei fallen vor allem zwei Eigentümlichkeiten auf:
JESUS zeigt in Wort und Tat, dass das vollendete GOTTESreich frei sein wird von den Grundnegativitäten menschlichen Daseins – **von Schuld, Leid und Tod**. JESUS zeigt ferner, dass das GOTTESreich frei sein wird **von gesellschaftlichen Schranken**. Am dichtesten zusammengefasst finden wir diese beiden Eigentümlichkeiten in der Bergpredigt, die das neue GOTTESvolk als **Kontrastgesellschaft** (LOHFINK) konzipiert (bes. Mt 5, 13-16).

Wie weit hat die **Urkirche** diesem von JESUS konzipierten Ideal entsprochen?
Selbst wenn man nicht die idealisierte Darstellung der Urkirche durch LUKAS in der Apostelgeschichte zugrundelegt, sondern die realistischere der **PAULUS-Briefe**, zeigt sich, dass die erste Generation der Christen sich wirklich als **Kontrastgesellschaft** zu leben bemühte und dass gerade das

ihre **Anziehungskraft** ausmachte: Denn weit mehr als die einzelnen Missionare trugen zur Ausbreitung des Christentums die von ihnen gegründeten Gemeinden bei, deren Leben in der Nachfolge CHRISTI die überzeugendste Predigt darstellte. Die christlichen Gemeinden bildeten gleichsam neue Familien, die **geschwisterlich** miteinander umgingen. Warum aber hat man dieses Ideal nicht in die verschiedenen Zeiten und Kulturen übersetzt, sondern es vielmehr anderen Zeiten und Kulturen angepasst und es dadurch seiner ursprünglichen Strahlkraft beraubt ?
Das Abweichen vom Ideal und Anpassen an die irdische Gesellschaft erfolgte in mehreren Schritten; der einschneidendste unter ihnen war, dass **im 4.Jh.** das Christentum zunächst staatlich toleriert, dann Staatsreligion wurde. Damit bedeutete Christsein nicht mehr ein oft lebensgefährliches Leben aus Glaubensüberzeugung, sondern die Eintrittskarte für berufliche und gesellschaftliche Anerkennung: die **Kontrastgesellschaft** (LOHFINK) war zur **Normalgesellschaft** geworden. – Im Mittelalter gesellten sich feudale Gesellschaftsordnung und kirchliche Machtentfaltung zu dem veränderten Kirchenbild – die Kirche wurde zu einer pseudostaatlichen Institution, was den das ganze Mittelalter durchziehenden Streit zwischen Papst- und Kaisertum verständlich macht. – Erst seit dem 19.Jh. sind wir durch den realen Machtverlust der Kirche einerseits, durch sich ausbreitende Strömungen wie Aufklärung, Säkularismus, Materialismus und Pluralismus andererseits zu einem Umdenken gezwungen. Und dieses Umdenken steht nicht in menschlichem Belieben, da wir, sobald wir uns als Christen bezeichnen, in CHRISTUS ein **verbindliches Maß** haben. Nur wenn wir nach diesem Maß zu leben versuchen, wird Kirche wieder die Verleiblichung GOTTES in CHRISTUS in der Welt erlebbar machen.

Überblicken wir das bisher Gesagte, wird die Aufgabe von Menschen, die sich konsequent um die Nachfolge CHRISTI mühen, deutlich: Selbst die frühe Kirche, die als Minderheiten- und Bekennerkirche noch **als ganze** das biblische Ideal zu realisieren versuchte, kam nicht ganz ohne Leitsymbole aus – Menschen, die die Nachfolge CHRISTI in besonderer, zeichenhafter Radikalität zu leben versuchten wie die Wandermissionare und etwas später die Märtyrer. Nachdem die Kirche als Massen- und Machtkirche diesen Anspruch nicht mehr erfüllen konnte, suchten ihn Einzelpersonen, eben **Heilige,** zu erfüllen und gründeten oft **Orden als symbolische Gemeinschaften.** Eine Öffnung dieser Gemeinschaften zur Gesamtkirche hin erfolgte schon durch die Bildung von **Dritt-Ordens-Gruppen für Laien,** wie sie im 13. Jh. FRANCISCUS und DOMINICUS konzipierten, also von Laien, die in Familie und Beruf eine konsequente Nachfolge CHRISTI zu leben versuchten und versuchen. Heute ist die Kirche, vielleicht nicht ganz freiwillig, aber sicher dem Grundkonzept JESU entsprechend, auf dem Rückweg zur Minderheiten- und Bekennerkirche, ja, Liebeskirche – religiös engagierte Menschen, gleichgültig in welcher Form von Gemeinschaft sie leben, erhalten damit eine klare neue Aufgabe: **Wegweiser und Wegbegleiter** zu sein auf dem (Rück)Weg zur **Liebeskirche** oder, um das schöne, doch anspruchsvolle Bild des hl PAULUS wieder aufzugreifen, auf dem Weg zum **Leib CHRISTI.**

Je mehr es die Kirche gelingen wird, sich wieder in eine Liebeskirche zu verwandeln, desto mehr kann sie zu Vollendung der Schöpfung beitragen. Wie diese Vollendung aussehen wird, übersteigt unsere Vorstellungsmöglichkeiten – die Bibel spricht daher über diese Vollendung in Bildern, nicht in Zukunftsreportagen. Dennoch lässt sich aus diesen Bildern Einiges für unser gegenwärtiges Handeln ablesen: Die Vollendung wird nicht bloß den „vernunftbegabten“ Menschen, sondern die **gesamte** Schöpfung betreffen: Was GOTT geschaffen hat, kann nicht ins Nichts versinken, sondern nur verwandelt werden (vgl. Röm 8, 18-30). Die endgültige Zukunft ist weder bloße Verlängerung des irdischen Daseins noch etwas, was mit der Gegenwart gar nichts zu tun hätte – sondern **Verwandlung** des endlichen, zeitunterworfenen irdischen Lebens in seine unendliche, zeitüberhobene, vollkommene Ganzheit. Daher wird das Heil, die Ganzheit, die Vollendung zukünftiges Geschenk GOTTES, doch nicht ohne Zutun des Menschen sein. Das befreit uns einerseits von Leistungsdruck, andererseits von Laxheit: wir können und sollen gleichsam die **Bausteine** liefern, die GOTT zur Vollendung fügen wird. Je mehr sich der Mensch der Aufgabe stellt, Mitschöpfer zu sein, desto mehr trägt er zur Heilung seiner entfremdeten Beziehungen zu GOTT, zu sich selbst, zur personalen Mitwelt und zur apersonalen Umwelt bei – desto mehr baut er am GOTTESREICH mit, desto mehr kehrt er ins verlorene Paradies zurück, desto mehr wird er das, was er immer schon sein sollte: **Bild GOTTES.**

7.2.3 Das neue Paradies (Offb 21,1 - 22,5: gekürzt)

(21,1) Dann sah ich einen neuen Himmel und eine neue Erde; denn der erste Himmel und die erste Erde sind vergangen, auch das Meer ist nicht mehr. (21,2) Ich sah die heilige Stadt, das neue Jerusalem, von Gott her aus dem Himmel herabkommen; sie war bereit wie eine Braut, die sich für ihren Mann geschmückt hat. (21,3) Da hörte ich eine laute Stimme vom Thron her

rufen: Seht, die Wohnung Gottes unter den Menschen! Er wird in ihrer Mitte wohnen, und sie werden sein Volk sein; und er, Gott, wird bei ihnen sein. (21,4) Er wird alle Tränen von ihren Augen abwischen. Der Tod wird nicht mehr sein, keine Trauer, keine Klage, keine Mühsal. Denn was früher war, ist vergangen. (21,5) Er, der auf dem Thron saß, sprach: Seht, ich mache alles neu. ...
(21,10) Da entrückte er mich in der Verzückung auf einen großen, hohen Berg und zeigte mir die heilige Stadt Jerusalem, wie sie von Gott her aus dem Himmel herabkam, (21,11) erfüllt von der Herrlichkeit Gottes. Sie glänzte wie ein kostbarer Edelstein, wie ein kristallklarer Jaspis ....
(22,1) Und er zeigte mir einen Strom, das Wasser des Lebens, klar wie Kristall; er geht vom Thron Gottes und des Lammes aus. (22,2) Zwischen der Straße der Stadt und dem Strom, hüben und drüben, stehen Bäume des Lebens. Zwölfmal tragen sie Früchte, jeden Monat einmal; und die Blätter der Bäume dienen zur Heilung der Völker... (22,4) Sie werden sein Angesicht schauen, und sein Name ist auf ihre Stirn geschrieben. (22,5) Es wird keine Nacht mehr geben, und sie brauchen weder das Licht einer Lampe noch das Licht der Sonne. Denn der Herr, ihr Gott, wird über ihnen leuchten, und sie werden herrschen in alle Ewigkeit.

Meditieren Sie auch diese Bibeltexte, indem Sie sich fragen, was Sie davon in Ihrem Gefühl berührt und was Sie davon in Ihrem praktischen Leben umsetzen können, welches Glied am Leib CHRISTI Sie sind oder sein sollten.
Lassen Sie das Meditierte in der Kontemplation in sich einsinken und sich dadurch immer mehr verwandeln.

Wenn Ihren spirituellen Weg weiterverfolgen wollen, dann versuchen Sie, jeden Morgen eine kontemplative und jeden Abend eine meditative Einheit als Übung des direkten Gebets einzuhalten. Aber versuchen Sie ebenso, Ihr ganzes Leben immer mehr zum indirekten Gebet zu machen, indem Sie alles, was sie tun, mit ungeteilter Aufmerksamkeit tun.

Printed by Books on Demand GmbH, Norderstedt / Germany